Petits *C*lassique

LAROU

Collection fondée pa
Agrégé des Lettres

Les
Fourberies
de Scapin

Molière

Comédie

Édition présentée,
annotée et commentée
par Cécile PELLISSIER,
professeur certifié de lettres modernes

© Éditions Larousse 2007
ISBN : 978-2-03-583419-5

SOMMAIRE

Avant d'aborder l'œuvre

Les Fourberies de Scapin

Molière

Avez-vous bien lu ?

Pour approfondir

AVANT D'ABORDER
L'ŒUVRE

Fiche d'identité de l'auteur

Molière

Nom : Jean-Baptiste POQUELIN.

Pseudonyme : MOLIÈRE.

Naissance : 13 ou 14 janvier 1622.

Famille : père tapissier du roi. À 10 ans, mort de sa mère. À 40 ans, mariage avec Armande Béjart (actrice, 20 ans). 2 fils (morts très jeunes) et 1 fille, Esprit-Madeleine.

Études : chez les Jésuites, à Paris. Études supérieures de droit à Orléans.

Professions : avocat (6 mois), puis tapissier du roi (charge léguée par son père). À 21 ans, il intègre la troupe de théâtre de la famille Béjart, qui devient « L'Illustre-Théâtre » : il est acteur, auteur, puis directeur de troupe.

Domiciles : à Paris, puis en tournée partout en France pendant 13 ans. La troupe se fixe à Lyon et dans le Languedoc pendant 3 ans, protégée par le prince de Conti. En 1658, elle revient à Paris et s'installe dans la salle du Petit-Bourbon, puis au théâtre du Palais-Royal.

Carrière : débuts difficiles. La troupe joue surtout des tragédies, a peu de succès et des problèmes d'argent. Molière comprend alors qu'il doit faire rire. Dès son retour à Paris, le succès s'amplifie avec *Les Précieuses ridicules* (1659), et on le jalouse rapidement.
Par la suite, on l'attaque même violemment, car il critique certains comportements dans *L'École des femmes* (1662), *Tartuffe* (1664) ou *Dom Juan* (1665). Ses comédies sont jugées immorales et grossières, et il doit les défendre. Il écrit ensuite des pièces plus légères : *Le Médecin malgré lui* (1666), *L'Avare* (1668), *Les Fourberies de Scapin* (1671), *Le Malade imaginaire* (1673). Conflits fréquents avec d'autres troupes officielles ou d'autres artistes.

Santé : fragile. À 43 ans, grave maladie du poumon.

Mort : le 17 février 1673, à 51 ans, juste après la 4e représentation du *Malade imaginaire*.

Pour ou contre Molière ?

Pour

SAINTE-BEUVE :

« Molière nous rend la nature, mais plus généreuse, plus large et plus franche [...]. »

Port-Royal, Livre III, 1840-1859.

René JASINSKI :

« Une manière de perfection est atteinte chaque fois [...]. »

Molière, Hatier, « Connaissance des lettres », 1969.

Louis JOUVET :

« Une tendresse [...], un état de grâce : la disponibilité d'un créateur. »

Témoignages sur le théâtre, Flammarion, 1952.

Contre

LA BRUYÈRE :

« Il n'a manqué à Molière que d'éviter le jargon et le barbarisme et d'écrire purement. »

Les Caractères, 1688.

BOSSUET :

« [Molière] remplit encore à présent tous les théâtres des équivoques les plus grossières dont on ait jamais infecté les oreilles des chrétiens. »

Maximes et réflexions sur la comédie, 1694.

FÉNELON :

« Il a outré souvent les caractères : il a voulu, par cette liberté, plaire au parterre, frapper les spectateurs les moins délicats et rendre le ridicule plus sensible. »

Lettre sur les occupations de l'Académie (publiée en 1716).

Repères chronologiques

Vie et œuvre de Molière	Événements politiques et culturels

Vie et œuvre de Molière

1622
Naissance à Paris.

1632
Mort de sa mère.

1632-1642
Scolarité à Paris, études de droit à Orléans.

1643-1645
**Fondation de _L'Illustre-Théâtre_ avec les Béjart.
Prend le pseudonyme de Molière.
Conditions de vie difficiles, dettes, échecs.**

1645-1653
Faillite de _L'Illustre-Théâtre_ et fusion de la troupe avec celle de Dufresne.
Tournée en province.

1653-1657
Protection de la troupe par le prince de Conti.
Le Dépit amoureux.

1658-1661
**Retour à Paris. La troupe devient « la troupe de Monsieur ».
Succès des _Précieuses ridicules_.
Les Fâcheux.**

1662
Mariage avec Armande Béjart.
Succès de _L'École des femmes_.

1663-1664
Critique de « L'École des femmes ».
Naissance et mort de son premier fils, Louis.
Tartuffe est interdit.

Événements politiques et culturels

1622
Règne de Louis XIII.
Guerre de Trente Ans.

1624
Richelieu ministre.

1635
Fondation de l'Académie française.
Déclaration de la guerre à l'Espagne.

1637
Corneille, _Le Cid_.
Descartes, _Discours de la méthode_.

1638
Naissance de Louis XIV.

1642
Mort de Richelieu.

1643
**Mort de Louis XIII.
Régence d'Anne d'Autriche, avec Mazarin comme ministre.**

1646
Cyrano de Bergerac, _Le Pédant joué_.

1647
Début de la Fronde.

1648
Fin de la guerre de Trente Ans.

1653
Fin de la Fronde.

1654
Sacre de Louis XIV (à 16 ans).

1659
Fin de la guerre d'Espagne.

Vie et œuvre de Molière	Événements politiques et culturels
1665-1666 *Dom Juan. Le Misanthrope.* *Le Médecin malgré lui.* Naissance de sa fille, Esprit-Madeleine. La troupe devient « la troupe du Roi ». Grave fluxion de poitrine.	**1660** Mariage de Louis XIV avec Marie- Thérèse d'Autriche.
	1661 **Mort de Mazarin.** **Arrestation de Fouquet.** **Début du règne personnel** **de Louis XIV.** **Début de la construction** **de Versailles.**
1667 Deuxième version du *Tartuffe* interdite.	**1662** Colbert ministre. Mort de Pascal.
1668 *George Dandin. L'Avare.*	**1664** Condamnation de Fouquet. *La Thébaïde*, première pièce de Racine, créée par Molière.
1669 *Tartuffe* enfin autorisé.	
1670 *Le Bourgeois gentilhomme.*	**1665** La Rochefoucault, *Maximes.*
1671 *Psyché. Les Fourberies de Scapin.*	**1666** Mort d'Anne d'Autriche. Boileau, *Satires.*
1672 Mort de Madeleine Béjart. *Les Femmes savantes.* Naissance et mort de son second fils.	**1667** Racine, *Andromaque.*
	1668 La Fontaine, *Fables.*
1673 *Le Malade imaginaire.* **Mort de Molière, enterrement** **de nuit et sans messe.**	**1670** Pascal, *Pensées.* Corneille, *Tite et Bérénice.* Racine, *Bérénice.*
	1672 Installation de la cour à Versailles. Mme de Sévigné, *Correspondance.*

Fiche d'identité de l'œuvre

Les Fourberies de Scapin

Auteur :
Molière, en 1671.

Genre :
comédie, qui s'inspire
de la comédie italienne.

Forme :
dialogue en prose.

Structure :
3 actes.

Personnages : 8 personnages principaux, 4 personnages
secondaires.

Personnages principaux : deux familles.
-Famille d'Argante, le père ; Octave, le fils ; Sylvestre,
le valet.
Octave vient de se marier avec Hyacinthe, orpheline
de mère, sans l'accord de Géronte.
-Famille de Géronte, le père ; Léandre, le fils ; Scapin,
le valet.
Léandre est amoureux de Zerbinette, une jeune bohémienne.

Personnages secondaires : Carle, valet ami de Scapin ;
Nérine, la nourrice de Hyacinthe ; deux porteurs.

Lieu, moment et durée de l'action : à Naples, en Italie.
L'action est contemporaine par rapport au moment
de l'écriture de la pièce (1670), et se déroule
sur une journée entière.

Sujet : Octave a épousé Hyacinte mais son père s'oppose
vivement à ce mariage. De plus, il a grand besoin
d'argent pour faire vivre sa jeune femme. Léandre,
lui, est très amoureux de Zerbinette, enlevée par des
bohémiens qui exigent une forte rançon. Or, il n'a aucun
revenu et son père est très avare. Les deux jeunes gens
sont désemparés, et ils demandent son aide à Scapin.

Le rusé valet a plus d'un tour dans son sac. Il va donc
s'opposer aux deux pères grincheux et imaginer toute une
série de fourberies pour se jouer d'eux. De péripétie en
péripétie, il atteindra son but... Et tout est bien qui
finit bien !

Pour ou contre Les Fourberies de Scapin ?

Pour

Antoine ADAM :

« Suite de lazzis [plaisanteries bouffonnes], succession de bons tours, joyeuses inventions, voilà ce que Molière a voulu, et il a merveilleusement réalisé son dessein. »

Histoire de la littérature française au XVIIe siècle, tome III, 1952.

Georges COUTON :

« [...] l'imagination des fourberies a quelque chose qui tient du jaillissement et de la gratuité de l'imagination poétique. »

Notice aux « Fourberies de Scapin », in Œuvres complètes de Molière, « Bibliothèque de la Pléiade », Gallimard, 1983.

Contre

BOILEAU :

« Dans ce sac ridicule où Scapin s'enveloppe,
Je ne reconnais plus l'auteur du *Misanthrope*. »

Art poétique, III, vers 391-400, 1674.

GRIMAREST :

« Tout le monde sait combien les bons juges et les gens de goût délicat se récrièrent contre ces deux pièces [*Les Fourberies de Scapin* et *La Comtesse d'Escarbagnas*]. »

La vie de M. de Molière, 1705.

Pour mieux lire l'œuvre

❖ Au temps de Molière

Au début de l'année 1671, Molière vient de terminer un gros projet, qu'il a entrepris avec des auteurs très connus à son époque : Pierre Corneille, Philippe Quinault, et le musicien Jean-Baptiste Lulli. Il s'agit de *Psyché*, une « tragédie-ballet ». Sa femme, Armande, y tient le rôle principal, et sa fille, Esprit-Madeleine, âgée de 6 ans, y a aussi un petit rôle. Ce spectacle est particulièrement somptueux. Il sera présenté devant la cour pour la première fois en janvier dans « la grande salle des machines du Palais des Tuileries ». C'est une salle splendide que Louis XIV avait fait construire « pour le délassement de son esprit et le divertissement de ses peuples ». Elle pouvait recevoir 7 000 personnes.

Le succès sera donc énorme, et *Psyché* sera joué plusieurs fois, dans cette même salle, et devant les courtisans, durant toute la période du carnaval.

La monarchie absolue

À cette époque, la cour est très agitée, car elle va bientôt s'installer définitivement à Versailles, où le roi a fait construire un magnifique château. Pour Louis XIV, ce palais sera un moyen de surveiller les Grands du royaume (c'est-à-dire les nobles appartenant aux familles les plus prestigieuses). Il a voulu les regrouper dans une sorte de prison dorée où il va les occuper en permanence avec des divertissements exceptionnels. Il se dit qu'ainsi ils ne penseront pas à se révolter contre lui. Car il a gardé un très mauvais souvenir du soulèvement des Grands (appelé La Fronde), qui avait eu lieu durant son enfance et l'avait obligé à fuir Paris avec sa famille. Depuis qu'il a effectivement accédé au trône, il a établi ce qu'on appelle la « monarchie absolue ». Ainsi, il ne partage son pouvoir avec personne : il commande les armées, protège l'Église catholique, rend la justice et fait les lois, sans que personne ne puisse le contrôler ni discuter ses décisions.

Molière a bien prévu de faire jouer par la suite *Psyché* à Paris, devant son public habituel. Mais le théâtre du Palais-Royal, où il organise ses représentations, nécessite des aménagements. Cela va coûter beaucoup d'argent à la troupe, et surtout prendre du temps. En attendant que tout soit prêt, il faut donc faire patienter les spectateurs, et éviter qu'ils ne s'éparpillent. En effet, on propose beaucoup de spectacles au public parisien de l'époque, même s'il s'agit essentiellement de tragédies.

Une petite pièce amusante

On peut donc penser que Molière a écrit *Les Fourberies de Scapin* dans le dessein de ne pas voir s'éloigner son public habituel, et d'attirer tous les spectateurs qui aiment la fantaisie italienne. Il sait en effet combien les Comédiens Italiens font rire avec la *commedia dell'arte*. Il s'agit d'un genre de théâtre populaire assez particulier : les acteurs improvisent directement devant le public une petite pièce amusante, en tenant compte d'un scénario très simple (le canevas). Les mêmes personnages reviennent toujours (Arlequin, Colombine, Polichinelle...). De plus, ils sont « typés » et chacun a son caractère particulier (le valet malicieux, le vieillard avare...). On les distingue les uns des autres grâce au masque et au costume. Ainsi, les spectateurs peuvent facilement suivre l'action. Et comme les acteurs s'expriment en italien, ils doivent multiplier les gestes et les mimiques pour se faire comprendre... ce qui fait d'autant plus rire ! Molière aurait d'ailleurs confirmé son intention d'amuser son public de cette façon en affirmant : « J'ai vu le public quitter *Le Misanthrope* pour Scaramouche [personnage interprété par Tiberio Fiorilli, célèbre acteur et directeur de la troupe des Comédiens Italiens] : j'ai chargé Scapin de le ramener. »

La pièce des *Fourberies de Scapin* semble avoir été écrite très vite : on sait qu'elle était prête à la fin de l'année 1670, puisque son privilège (l'autorisation donnée pour éditer) porte la date du 31 décembre. Il faut dire que son intrigue est assez simple et surtout traditionnelle.

Pour mieux lire l'œuvre

En effet, au théâtre, il existe déjà beaucoup d'histoires de jeunes gens amoureux, inquiétés par des pères avares, et aidés par des valets malicieux... surtout dans la comédie italienne ! Le personnage principal, Scapin, qui mène toute l'action des *Fourberies*, est un des « masques » de la *commedia dell'arte*. On le trouve d'ailleurs sous le nom de *Scappino* dans *L'Inavertito*, une comédie d'un acteur-auteur italien, Barbieri, parue en 1629... Peut-être Molière était-il allé la voir avec son grand-père maternel, qui l'emmenait si souvent au théâtre quand il était petit ? En tout cas, elle lui avait certainement donné l'idée de *L'Étourdi*, une farce représentée en 1658. Or, c'est un valet, nommé Mascarille, qui ressemble déjà énormément à Scapin, qui mène déjà toute l'action dans *L'Étourdi*.

Les autres sources d'inspiration

Molière puise tout d'abord dans une œuvre de l'auteur antique Térence, *Phormion*, écrite et représentée en 161 av. J.-C. On y trouve déjà un jeune homme marié sans l'accord de son père, une jeune musicienne enlevée, et surtout un homme fourbe et rusé, Phormion, qui n'hésite pas à mentir et à semer le trouble.

Ensuite, il puise dans une petite comédie anonyme, dont il est peut-être l'auteur, *Gorgibus dans le sac*, et dont le canevas apparaît déjà dans des farces du Moyen Âge. Gorgibus y est fourré dans un sac et rossé de coups de bâton !

Il s'inspire aussi d'une pièce de Jean Rotrou, *La Sœur*, où l'on retrouve presque à l'identique le dialogue d'Octave et de Sylvestre de la première scène.

Enfin, la fameuse scène de la galère a été prise au *Pédant joué* de Cyrano de Bergerac. Molière ne s'en est pas caché, affirmant même : « Je prends mon bien où je le trouve ».

La comédie *Les Fourberies de Scapin* a été représentée pour la première fois le 24 mai 1671, à Paris, au théâtre du Palais-Royal. Mais elle n'obtient pas du tout le succès que Molière attendait : elle n'a été jouée que 18 fois, du 24 mai au 18 juillet. Cependant, Molière ne semble pas en avoir été contrarié. Il faut dire qu'il attend de jouer *Psyché* (le 24 juillet) dans la salle enfin prête pour recevoir ce grand spectacle. Puis doivent venir *Les Femmes savantes* et *Le Malade imaginaire*... de quoi s'occuper !

L'essentiel

Molière a écrit *Les Fourberies de Scapin* pour amuser et garder son public parisien habituel, en attendant de faire représenter *Psyché*, une grande « tragédie-ballet » écrite en collaboration avec d'autres auteurs de son temps. Il s'est inspiré de comédies italiennes, de comédies latines et de farces françaises, œuvres dans lesquelles apparaît déjà le personnage du valet fourbe.

✣ L'œuvre aujourd'hui

Beaucoup de situations et de personnages des *Fourberies de Scapin* semblent complètement dépassés aujourd'hui en France : on ne trouve plus guère de fils obligés de se marier avec une inconnue, de jeunes filles qu'il faut racheter, et encore moins de valets qui enferment leur maître dans un sac...

Pourtant, cette comédie est une des pièces de Molière les plus jouées, aussi bien en France que dans le monde entier : elle est traduite dans un très grand nombre de langues, dont certaines très rares (d'Afrique, par exemple).

Les raisons du succès des *Fourberies*

De grands metteurs en scène de théâtre et de cinéma ont fait interpréter la pièce par les acteurs les plus réputés. À la Comédie-Française (prestigieux théâtre parisien), elle a été représentée plus de 1 450 fois de 1680 à nos jours. Autant dire que cette pièce a une destinée heureuse, et que cela est appelé à durer.

Pour mieux lire l'œuvre

Quand Molière a écrit *Les Fourberies de Scapin*, il ne voulait surtout pas prendre les risques qu'il avait pris dans ses précédentes comédies en critiquant ouvertement certains défauts des hommes de son temps. Ainsi, dans *Tartuffe*, il n'avait pas eu peur de blâmer les « faux dévots », c'est-à-dire ceux qui faisaient semblant de croire en Dieu. Dans *Dom Juan*, il jugeait sévèrement les nobles qui se permettaient des comportements irrespectueux. Certaines personnes influentes s'étaient alors senties directement concernées, et avaient réagi violemment en faisant interdire ces pièces.

Une comédie digne de ce nom

Molière voulait donc créer une pièce légère. L'histoire n'est pas sérieuse, et elle se termine bien : les jeunes gens qui s'aiment se marient… et auront sûrement de beaux enfants. Les vieux pères grincheux ont été tellement ridiculisés qu'ils ne risquent pas de se venger… et de toute façon, ces mariages les arrangent bien. Quant au rusé Scapin, il s'est admirablement bien tiré d'affaire ! Le public est rassuré : dans cette pièce, Molière ne porte pas de jugement moral, ou si peu… Car même si Scapin est un fourbe malhonnête, il agit au profit de la jeunesse et de l'amour, et aux dépens de la vieillesse et de l'égoïsme. On ne peut alors que lui pardonner. Et Molière fait d'ailleurs tout ce qu'il faut pour en donner le désir aux spectateurs, en le rendant bien sympathique.

Et puis c'est une comédie qui fait vraiment rire. Et ce rire n'est pas méchant… On s'amuse tout simplement en regardant sur la scène les personnages manipulés par le fourbe Scapin. On se divertit de leur caractère, des situations dans lesquelles ils se retrouvent, des renversements imprévus… Exactement de la même façon que dans les films burlesques, les gags sont nombreux, variés, et s'enchaînent rapidement. Le spectateur n'a vraiment pas le temps de s'ennuyer.

Ensuite, l'auteur ménage en permanence un certain suspense : Scapin arrivera-t-il oui ou non à se jouer des pères ? Si oui, comment va-t-il s'y prendre ? Et s'il n'y arrive pas immédiatement, que va-t-il donc imaginer d'autre ?

Enfin, il ne faut pas oublier que Molière était un immense acteur comique qui écrivait des rôles à sa mesure. *Les Fourberies de Scapin* lui ont bien sûr permis de se surpasser... Combien de grimaces, de mimes, d'imitations, de tons de voix, de pirouettes et de courses poursuites peut-on dénombrer ? Combien de jeux de scène originaux peut-on imaginer... ?

Il n'est donc guère étonnant que les acteurs et les metteurs en scène des siècles suivants aient eu envie de relever le défi... et qu'ils continuent, régulièrement, à nous proposer de nouvelles représentations des *Fourberies de Scapin*.

L'essentiel

La comédie des *Fourberies de Scapin* remporte de nos jours un immense succès. C'est une des pièces les plus jouées de Molière, et dans le monde entier. Molière n'a pas cherché à y dénoncer un comportement humain. Le spectateur rit de bon cœur au spectacle des gestes et des grimaces des acteurs, à l'écoute de leurs paroles, et à l'observation du ridicule des situations imaginées par Scapin, alias Molière.

LES
FOURBERIES
DE
SCAPIN.
COMEDIE.
PAR I. B. P. MOLIERE.

Et se vend pour l'Autheur,

A PARIS,

Chez PIERRE LE MONNIER, au Palais,
vis-à-vis la Porte de l'Eglise de la S. Chapelle,
à l'Image S. Loüis, & au Feu Divin.

M. DC. LXXI.

AVEC PRIVILEGE DV ROY.

Les Fourberies de Scapin

Molière

Comédie représentée
pour la première fois
le 24 mai 1671.

PERSONNAGES

ARGANTE	*père d'Octave et de Zerbinette.*
GÉRONTE	*père de Léandre et de Hyacinte.*
OCTAVE	*fils d'Argante et amant de Hyacinte.*
LÉANDRE	*fils de Géronte et amant de Zerbinette.*
ZERBINETTE	*une Égyptienne et reconnue fille d'Argante et amante de Léandre.*
HYACINTE	*fille de Géronte et amante d'Octave.*
SCAPIN	*valet de Léandre et fourbe.*
SYLVESTRE	*valet d'Octave.*
NÉRINE	*nourrice de Hyacinte.*
CARLE	*fourbe.*

La scène est à Naples.

ACTE I

Scène 1 OCTAVE, SYLVESTRE.

OCTAVE. Ah ! fâcheuses nouvelles[1] pour un cœur amoureux ! Dures extrémités où je me vois réduit[2] ! Tu viens, Sylvestre, d'apprendre au port que mon père revient ?

SYLVESTRE. Oui.

5   **OCTAVE.** Qu'il arrive ce matin même ?

SYLVESTRE. Ce matin même.

OCTAVE. Et qu'il revient dans la résolution de me marier ?

SYLVESTRE. Oui.

OCTAVE. Avec une fille du seigneur[3] Géronte ?

10   **SYLVESTRE.** Du seigneur Géronte.

OCTAVE. Et que cette fille est mandée[4] de Tarente ici pour cela ?

SYLVESTRE. Oui.

OCTAVE. Et tu tiens ces nouvelles de mon oncle ?

SYLVESTRE. De votre oncle.

15   **OCTAVE.** À qui mon père les a mandées par une lettre[5] ?

SYLVESTRE. Par une lettre.

OCTAVE. Et cet oncle, dis-tu, sait toutes nos affaires ?

SYLVESTRE. Toutes nos affaires.

OCTAVE. Ah ! parle, si tu veux, et ne te fais point de la sorte arra-20 cher les mots de la bouche.

---

1. **Fâcheuses nouvelles :** mauvaises nouvelles.
2. **Dures extrémités où je me vois réduit :** affreuse situation dans laquelle je me retrouve.
3. **Seigneur :** terme de politesse signifiant « monsieur », qui ici ne désigne pas un noble.
4. **Mandée :** convoquée.
5. **Mandées par une lettre :** écrites dans une lettre.

SYLVESTRE. Qu'ai-je à parler davantage ? Vous n'oubliez aucune circonstance, et vous dites les choses tout justement[1] comme elles sont.

OCTAVE. Conseille-moi, du moins, et me dis[2] ce que je dois faire dans ces cruelles conjonctures[3].

SYLVESTRE. Ma foi, je m'y trouve autant embarrassé que vous, et j'aurais bon besoin[4] que l'on me conseillât moi-même.

OCTAVE. Je suis assassiné par ce maudit retour.

SYLVESTRE. Je ne le suis pas moins.

OCTAVE. Lorsque mon père apprendra les choses, je vais voir fondre sur moi[5] un orage soudain d'impétueuses réprimandes[6].

SYLVESTRE. Les réprimandes ne sont rien, et plût au Ciel que j'en fusse quitte à ce prix[7] ! Mais, j'ai bien la mine, pour moi, de payer[8] plus cher vos folies, et je vois se former de loin un nuage de coups de bâton qui crèvera sur mes épaules.

OCTAVE. Ô Ciel ! par où sortir de l'embarras[9] où je me trouve ?

SYLVESTRE. C'est à quoi vous deviez songer avant que de vous y jeter.

OCTAVE. Ah ! tu me fais mourir par tes leçons hors de saison[10].

SYLVESTRE. Vous me faites bien plus mourir par vos actions étourdies.

OCTAVE. Que dois-je faire ? Quelle résolution prendre ? À quel remède recourir[11] ?

---

1. **Tout justement** : exactement.
2. **Me dis** : dis-moi.
3. **Cruelles conjonctures** : épouvantable situation.
4. **J'aurais bon besoin** : j'aurais bien besoin.
5. **Fondre sur moi** : s'abattre sur moi.
6. **D'impétueuses réprimandes** : de violents reproches.
7. **Plût au ciel que j'en fusse quitte à ce prix** : si seulement je pouvais n'avoir que ce désagrément.
8. **J'ai bien la mine, pour moi, de payer** : j'ai bien l'air de celui qui va payer.
9. **De l'embarras** : du souci.
10. **Hors de saison** : déplacées, qui ne conviennent pas dans cette situation.
11. **Recourir** : faire appel.

Scène 2 SCAPIN, OCTAVE, SYLVESTRE.

SCAPIN. Qu'est-ce, seigneur Octave ? qu'avez-vous ? qu'y a-t-il ? quel désordre est-ce là ? Je vous vois tout troublé.

OCTAVE. Ah ! mon pauvre Scapin, je suis perdu, je suis désespéré, je suis le plus infortuné[1] de tous les hommes !

5 **SCAPIN.** Comment ?

OCTAVE. N'as-tu rien appris de ce qui me regarde[2] ?

SCAPIN. Non.

OCTAVE. Mon père arrive avec le seigneur Géronte, et ils me veulent marier.

10 **SCAPIN.** Eh bien ! qu'y a-t-il là de si funeste[3] ?

OCTAVE. Hélas ! tu ne sais pas la cause de mon inquiétude.

SCAPIN. Non ; mais il ne tiendra qu'à vous que je la sache bientôt ; et je suis homme consolatif[4], homme à m'intéresser aux affaires des jeunes gens.

15 **OCTAVE.** Ah ! Scapin, si tu pouvais trouver quelque invention, forger quelque machine[5], pour me tirer de la peine où je suis, je croirais t'être redevable de plus que de la vie[6].

SCAPIN. À vous dire la vérité, il y a peu de choses qui me soient impossibles, quand je m'en veux mêler. J'ai sans doute reçu du 20 Ciel un génie assez beau pour toutes les fabriques de ces gentillesses d'esprit[7], de ces galanteries ingénieuses[8], à qui le vulgaire

---

1. **Infortuné :** malheureux.
2. **Ce qui me regarde :** ce qui me concerne.
3. **Funeste :** catastrophique.
4. **Consolatif :** qui sait réconforter.
5. **Forger quelque machine :** inventer une ruse quelconque.
6. **Je croirais t'être redevable de plus que de la vie :** je te devrais plus que la vie.
7. **Pour toutes les fabriques de ces gentillesses d'esprit :** pour inventer toutes ces choses astucieuses et pleines d'esprit.
8. **Ces galanteries ingénieuses :** ces discours adroits et inventifs.

ignorant[1] donne le nom de fourberies, et je puis dire sans vanité qu'on n'a guère vu d'homme qui fût plus habile ouvrier de ressorts et d'intrigues[2], qui ait acquis plus de gloire que moi dans ce noble
25 métier. Mais, ma foi, le mérite est trop maltraité aujourd'hui, et j'ai renoncé à toutes choses depuis certain chagrin[3] d'une affaire qui m'arriva.

OCTAVE. Comment ? Quelle affaire, Scapin ?

SCAPIN. Une aventure où je me brouillai avec la justice.

30 **OCTAVE.** La justice !

SCAPIN. Oui, nous eûmes un petit démêlé ensemble.

SYLVESTRE. Toi et la justice ?

SCAPIN. Oui. Elle en usa fort mal avec moi[4], et je me dépitai de telle sorte contre l'ingratitude du siècle[5], que je résolus de ne plus
35 rien faire. Baste[6] ! Ne laissez pas de[7] me conter votre aventure.

OCTAVE. Tu sais, Scapin, qu'il y a deux mois que le seigneur Géronte et mon père s'embarquèrent ensemble pour un voyage qui regarde certain commerce[8] où leurs intérêts sont mêlés.

SCAPIN. Je sais cela.

40 **OCTAVE.** Et que Léandre et moi nous fûmes laissés par nos pères, moi sous la conduite de Sylvestre, et Léandre sous ta direction.

SCAPIN. Oui. Je me suis fort bien acquitté de ma charge.

OCTAVE. Quelque temps après, Léandre fit rencontre d'une jeune Égyptienne[9] dont il devint amoureux.

---

1. **Le vulgaire ignorant** : l'homme le plus commun, qui ne connaît rien.
2. **Plus habile ouvrier de ressorts et d'intrigues** : meilleur inventeur de moyens efficaces et de manœuvres secrètes pour arriver à ses fins.
3. **Chagrin** : tracas important.
4. **Elle en usa fort mal avec moi** : elle se comporta très mal avec moi.
5. **Je me dépitai de telle sorte contre l'ingratitude du siècle** : je fus tellement contrarié par le manque de reconnaissance de notre époque.
6. **Baste** : Bah ! (interjection qui marque le dédain).
7. **Ne laissez pas de** : ne manquez pas de.
8. **Qui regarde certain commerce** : qui concerne une affaire commerciale.
9. **Une Égyptienne** : une bohémienne, qui fait partie d'un groupe de gens du voyage.

45 **SCAPIN.** Je sais cela encore.

OCTAVE. Comme nous sommes grands amis, il me fit aussi-tôt confidence de son amour et me mena voir cette fille, que je trouvai belle à la vérité, mais non pas tant qu'il voulait que je la trouvasse. Il ne m'entretenait que d'elle chaque jour, m'exagérait 50 à tous moments sa beauté et sa grâce, me louait[1] son esprit et me parlait avec transport[2] des charmes de son entretien[3], dont il me rapportait jusqu'aux moindres paroles, qu'il s'efforçait toujours de me faire trouver les plus spirituelles du monde. Il me querellait quelquefois de n'être pas assez sensible aux choses qu'il me venait 55 de dire, et me blâmait sans cesse de l'indifférence où j'étais pour les feux de l'amour[4].

SCAPIN. Je ne vois pas encore où ceci veut aller.

OCTAVE. Un jour que je l'accompagnais pour aller chez des gens qui gardent l'objet de ses vœux[5], nous entendîmes dans une petite 60 maison d'une rue écartée quelques plaintes mêlées de beaucoup de sanglots. Nous demandons ce que c'est. Une femme nous dit en soupirant que nous pouvions voir là quelque chose de pitoyable en des personnes étrangères, et qu'à moins d'être insensibles, nous en serions touchés.

65 **SCAPIN.** Où est-ce que cela nous mène ?

OCTAVE. La curiosité me fit presser Léandre de voir ce que c'était. Nous entrons dans une salle, où nous voyons une vieille femme mourante, assistée d'une servante qui faisait des regrets[6], et d'une jeune fille toute fondante en larmes, la plus belle et la plus tou-70 chante qu'on puisse jamais voir.

SCAPIN. Ah ! ah !

---

1. **Me louait :** me vantait.
2. **Avec transport :** avec émotion.
3. **De son entretien :** de sa conversation.
4. **Les feux de l'amour :** la passion amoureuse.
5. **L'objet de ses vœux :** la femme qu'il aime, et de qui il espère être aimé.
6. **Qui faisait des regrets :** qui faisait des prières mortuaires, dans lesquelles elle manifestait sa douleur.

OCTAVE. Une autre aurait paru effroyable en l'état où elle était, car elle n'avait pour habillement qu'une méchante petite jupe, avec des brassières de nuit[1] qui étaient de simple futaine[2], et sa coiffure
75 était une cornette[3] jaune, retroussée au haut de sa tête, qui laissait tomber en désordre ses cheveux sur ses épaules ; et cependant, faite comme cela[4], elle brillait de mille attraits, et ce n'était qu'agréments et que charmes que toute sa personne.

SCAPIN. Je sens venir les choses.

80 **OCTAVE.** Si tu l'avais vue, Scapin, en l'état que je dis, tu l'aurais trouvée admirable.

SCAPIN. Oh ! je n'en doute point ; et, sans l'avoir vue, je vois bien qu'elle était tout à fait charmante.

OCTAVE. Ses larmes n'étaient point de ces larmes désagréables qui
85 défigurent un visage : elle avait, à pleurer, une grâce touchante, et sa douleur était la plus belle du monde.

SCAPIN. Je vois tout cela.

OCTAVE. Elle faisait fondre chacun en larmes en se jetant amoureusement sur le corps de cette mourante, qu'elle appelait sa chère
90 mère, et il n'y avait personne qui n'eût l'âme percée[5] de voir un si bon naturel[6].

SCAPIN. En effet, cela est touchant, et je vois bien que ce bon naturel-là vous la fit aimer.

OCTAVE. Ah ! Scapin, un barbare[7] l'aurait aimée.

95 **SCAPIN.** Assurément. Le moyen de s'en empêcher !

OCTAVE. Après quelques paroles dont je tâchai d'adoucir la douleur de cette charmante affligée, nous sortîmes de là et, demandant à Léandre ce qui lui semblait de cette personne, il me répondit froi-

---

1. **Brassières de nuit :** chemise de nuit, très ajustée.
2. **De simple futaine :** en tissu très simple, fait de fil et de coton.
3. **Cornette :** coiffe de femme.
4. **Faite comme cela :** vêtue de la sorte.
5. **Percée :** profondément attristée.
6. **Un si bon naturel :** une nature si bonne, si pure.
7. **Un barbare :** une brute, un être inhumain.

dement qu'il la trouvait assez jolie. Je fus piqué[1] de la froideur avec
laquelle il m'en parlait, et je ne voulus point lui découvrir l'effet
que ses beautés avaient fait sur mon âme.

SYLVESTRE, *à Octave.* Si vous n'abrégez ce récit, nous en voilà
pour jusqu'à demain. Laissez-le-moi finir en deux mots. *(À Scapin.)*
Son cœur prend feu dès ce moment. Il ne saurait plus vivre qu'il
n'aille consoler son aimable affligée. Ses fréquentes visites sont
rejetées de la servante, devenue la gouvernante par le trépas[2] de la
mère : voilà mon homme au désespoir. Il presse, supplie, conjure[3] :
point d'affaire[4]. On lui dit que la fille, quoique sans bien et sans
appui[5], est de famille honnête[6] et qu'à moins que de l'épouser, on
ne peut souffrir ses poursuites[7] ; voilà son amour augmenté par
les difficultés. Il consulte dans sa tête[8], agite[9], raisonne, balance[10],
prend sa résolution : le voilà marié avec elle depuis trois jours.

SCAPIN. J'entends.

SYLVESTRE. Maintenant, mets avec cela le retour imprévu du père,
qu'on n'attendait que dans deux mois ; la découverte que l'oncle a
faite du secret de notre mariage, et l'autre mariage qu'on veut faire
de lui avec la fille que le seigneur Géronte a eue d'une seconde
femme qu'on dit qu'il a épousée à Tarente.

OCTAVE. Et par-dessus tout cela, mets encore l'indigence[11] où
se trouve cette aimable personne et l'impuissance où je me vois
d'avoir de quoi la secourir.

---

1. **Piqué :** vivement agacé.
2. **Le trépas :** la mort.
3. **Conjure :** supplie.
4. **Point d'affaire :** rien à faire.
5. **Sans bien et sans appui :** sans revenus et sans personne pour la protéger.
6. **Honnête :** honorable, qui se comporte selon les règles de la morale.
7. **On ne peut souffrir ses poursuites :** on ne peut accepter son empressement
   auprès de la jeune fille.
8. **Il consulte dans sa tête :** il réfléchit.
9. **Agite :** examine les différentes possibilités.
10. **Balance :** pèse le pour et le contre
11. **L'indigence :** la pauvreté.

SCAPIN. Est-ce là tout ? Vous voilà bien embarrassés tous deux pour une bagatelle[1] ! C'est bien là de quoi se tant alarmer ! N'as-tu point de honte, toi, de demeurer court[2] à si peu de chose ? Que diable ! te voilà grand et gros comme père et mère, et tu ne saurais trouver dans ta tête, forger dans ton esprit[3], quelque ruse galante[4], quelque honnête petit stratagème, pour ajuster[5] vos affaires ? Fi ! Peste soit du butor[6] ! Je voudrais bien que l'on m'eût donné autrefois nos vieillards à duper[7] : je les aurais joués tous deux par-dessous la jambe[8], et je n'étais pas plus grand que cela que je me signalais déjà par cent tours d'adresse jolis[9].

SYLVESTRE. J'avoue que le Ciel ne m'a pas donné tes talents, et que je n'ai pas l'esprit, comme toi, de me brouiller avec la justice.

OCTAVE. Voici mon aimable Hyacinte.

---

1. **Une bagatelle :** une chose sans importance.
2. **Demeurer court :** rester sans agir, sans trouver d'idées.
3. **Forger dans ton esprit :** inventer.
4. **Galante :** pleine d'astuce.
5. **Ajuster :** arranger.
6. **Peste soit du butor !** : Quel lourdaud !
7. **Duper :** tromper.
8. **Joués par-dessous la jambe :** bernés, sans que cela ne présente aucune difficulté.
9. **Cent tours d'adresse jolis :** cent tours de prestidigitation bien faits.

Clefs d'analyse

Action et personnages

1. Dans quel lieu réel les personnages se trouvent-ils et à quel moment de la journée ?

2. Dans la scène 1, quelles informations le spectateur obtient-il sur ce qui s'est passé auparavant ?

3. Dans la scène 2, quelles informations complémentaires le spectateur obtient-il ?

4. Quels sont les différents personnages présentés successivement au spectateur dans ces deux scènes ?

5. À la fin de la scène 2, que sait-on sur le personnage de Scapin ?

Langue

6. Quelles sont les différentes fonctions des phrases interrogatives de la scène 1 ?

7. Comment les différents types de phrases utilisés dans la scène 1 permettent-ils de mettre en valeur les traits de caractère d'Octave ?

8. Relevez tous les termes employés par Octave dans la scène 1 pour désigner ce qui va provoquer la colère de son père. Pourquoi n'utilise-t-il pas un vocabulaire plus précis ?

9. Relevez les termes imagés employés par Octave et Sylvestre dans la scène 1 pour désigner les vifs reproches qu'ils vont devoir subir de la part du père (l. 30 à 35).

Genre ou thèmes

10. Les informations données par Octave et Sylvestre dans la scène 1 sont-elles transmises directement ou indirectement au spectateur ? Expliquez.

11. Pourquoi Molière a-t-il choisi de ne pas donner tous les renseignements nécessaires dès la scène 1 ?

12. Pourquoi Sylvestre achève-t-il le récit d'Octave à la fin de la scène 2 ?

Écriture

13. Rédigez la lettre que le père d'Octave a envoyée à l'oncle, en tenant compte de toutes les informations données dans les scènes 1 et 2.

14. En prenant modèle sur la scène 1, rédigez un dialogue de théâtre entre deux collégiens, commençant par : « Ah ! Fâcheuses nouvelles pour un collégien paresseux ! ». Vous devez faire comprendre ce qui s'est passé auparavant.

Pour aller plus loin

15. Vous êtes décorateur et costumier. Vous devez rencontrer un metteur en scène qui souhaite donner une nouvelle représentation des *Fourberies de Scapin*. Rédigez une fiche descriptive pour le décor de ce premier acte, et une pour le costume de Scapin, Octave et Sylvestre. Vous utiliserez un vocabulaire précis, des expansions du nom et des marqueurs spatiaux, ce qui permettra à votre interlocuteur de bien voir ce que vous avez créé, sans le support d'aucun dessin ni schéma. Vous défendrez ensuite votre projet à l'oral.

16. Observez les costumes des acteurs sur les photographies de scène proposées dans ce recueil. Qu'en pensez-vous ?

✳ À retenir

Au tout début d'une pièce de théâtre, l'auteur donne au spectateur les informations essentielles pour qu'il puisse comprendre ce qui s'est passé dans l'histoire avant que la pièce commence. Il lui présente la situation et les relations entre les personnages. Il cherche aussi à capter son attention et à lui donner envie de connaître la suite. C'est ce qu'on appelle l'exposition.

Scène 3 HYACINTE, OCTAVE, SCAPIN, SYLVESTRE.

HYACINTE. Ah ! Octave, est-il vrai ce que Sylvestre vient de dire à Nérine, que votre père est de retour et qu'il veut vous marier ?

OCTAVE. Oui, belle Hyacinte, et ces nouvelles m'ont donné une atteinte[1] cruelle. Mais que vois-je ? vous pleurez ? Pourquoi ces
5 larmes ? Me soupçonnez-vous, dites-moi, de quelque infidélité, et n'êtes-vous pas assurée de l'amour que j'ai pour vous ?

HYACINTE. Oui, Octave, je suis sûre que vous m'aimez, mais je ne le suis pas que vous m'aimiez toujours.

OCTAVE. Eh ! peut-on vous aimer qu'on ne vous aime toute sa vie ?

10 **HYACINTE.** J'ai ouï dire[2], Octave, que votre sexe[3] aime moins long-temps que le nôtre, et que les ardeurs[4] que les hommes font voir sont des feux qui s'éteignent aussi facilement qu'ils naissent.

OCTAVE. Ah ! ma chère Hyacinte, mon cœur n'est donc pas fait comme celui des hommes, et je sens bien, pour moi, que je vous
15 aimerai jusqu'au tombeau.

HYACINTE. Je veux croire que vous sentez ce que vous dites, et je ne doute point que vos paroles ne soient sincères ; mais je crains un pouvoir qui combattra dans votre cœur les tendres sentiments que vous pouvez avoir pour moi. Vous dépendez d'un père qui
20 veut vous marier à une autre personne, et je suis sûre que je mourrai si ce malheur m'arrive.

OCTAVE. Non, belle Hyacinte, il n'y a point de père qui puisse me contraindre à vous manquer de foi[5], et je me résoudrai à quitter mon pays, et le jour[6] même, s'il est besoin, plutôt qu'à vous quitter.

---

1. **Une atteinte :** une blessure morale.
2. **J'ai ouï dire :** j'ai entendu dire.
3. **Votre sexe :** le sexe masculin, c'est-à-dire les hommes en général.
4. **Les ardeurs :** la passion amoureuse.
5. **Vous manquer de foi :** manquer au serment que je vous ai fait.
6. **Quitter [...] le jour :** mourir.

25 J'ai déjà pris, sans l'avoir vue, une aversion[1] effroyable pour celle que l'on me destine, et, sans être cruel, je souhaiterais que la mer l'écartât d'ici pour jamais. Ne pleurez donc point, je vous prie, mon aimable Hyacinte, car vos larmes tuent, et je ne les puis voir sans me sentir percer le cœur.

30 **HYACINTE.** Puisque vous le voulez, je veux bien essuyer mes larmes, et j'attendrai d'un œil constant[2], ce qu'il plaira au Ciel de résoudre de moi[3].

OCTAVE. Le Ciel nous sera favorable.

HYACINTE. Il ne saurait m'être contraire, si vous m'êtes fidèle.

35 **OCTAVE.** Je le serai assurément.

HYACINTE. Je serai donc heureuse.

SCAPIN, *à part.* Elle n'est pas tant sotte, ma foi, et je la trouve assez passable[4].

OCTAVE, *montrant Scapin.* Voici un homme qui pourrait bien, s'il le
40 voulait, nous être dans tous nos besoins d'un secours merveilleux.

SCAPIN. J'ai fait de grands serments de ne me mêler plus du monde, mais, si vous m'en priez bien fort tous deux, peut-être...

OCTAVE. Ah ! s'il ne tient qu'à te prier bien fort pour obtenir ton aide, je te conjure de tout mon cœur de prendre la conduite de
45 notre barque.

SCAPIN, *à Hyacinte.* Et vous, ne me dites-vous rien ?

HYACINTE. Je vous conjure, à son exemple, par tout ce qui vous est le plus cher au monde, de vouloir servir notre amour.

SCAPIN. Il faut se laisser vaincre et avoir de l'humanité[5]. Allez, je
50 veux m'employer pour vous.

OCTAVE. Crois que...

---

1. **Une aversion :** un profond dégoût.
2. **D'un œil constant :** avec confiance, sans me désespérer.
3. **De résoudre de moi :** de décider de mon sort.
4. **Passable :** acceptable.
5. **De l'humanité :** de la bienveillance, de la pitié.

SCAPIN, *à Octave.* Chut ! *(À Hyacinte.)* Allez-vous-en, vous, et soyez en repos[1]. *(À Octave.)* Et vous, préparez-vous à soutenir avec fermeté l'abord de votre père[2].

55 **OCTAVE.** Je t'avoue que cet abord me fait trembler par avance, et j'ai une timidité naturelle que je ne saurais vaincre.

SCAPIN. Il faut pourtant paraître ferme au premier choc, de peur que, sur votre faiblesse, il ne prenne le pied de vous mener comme un enfant[3]. Là, tâchez de vous composer par étude[4]. Un peu de hardiesse, 60 et songez à répondre résolument sur tout ce qu'il pourra vous dire.

OCTAVE. Je ferai du mieux que je pourrai.

SCAPIN. Là, essayons un peu pour vous accoutumer[5]. Répétons un peu votre rôle, et voyons si vous ferez bien. Allons. La mine résolue, la tête haute, les regards assurés.

65 **OCTAVE.** Comme cela ?

SCAPIN. Encore un peu davantage.

OCTAVE. Ainsi ?

SCAPIN. Bon ! Imaginez-vous que je suis votre père qui arrive, et répondez-moi fermement, comme si c'était à lui-même. 70 « Comment ! pendard[6], vaurien, infâme, fils indigne d'un père comme moi, oses-tu bien paraître devant mes yeux après tes bons déportements[7], après le lâche tour que tu m'as joué pendant mon absence ? Est-ce là le fruit de mes soins[8], maraud[9], est-ce là le fruit de mes soins ? le respect qui m'est dû ? le respect que tu me

---

1. **Soyez en repos :** soyez tranquille.
2. **Soutenir avec fermeté l'abord de votre père :** être bien ferme lors de la rencontre avec votre père.
3. **Il ne prenne le pied de vous mener comme un enfant :** il ne réussisse à prendre possession de vous, à vous commander comme un enfant (et donc à vous faire changer d'avis).
4. **Tâchez de vous composer par étude :** essayez de vous donner un air sûr de vous.
5. **Accoutumer :** entraîner.
6. **Pendard :** fripon, qui doit être pendu.
7. **Tes bons déportements :** tes remarquables écarts de conduite.
8. **Le fruit de mes soins :** la récompense pour tout ce que j'ai fait pour toi.
9. **Maraud :** misérable.

75 conserves ? » Allons donc ! « Tu as l'insolence, fripon, de t'engager sans le consentement de ton père, de contracter un mariage clandestin ? Réponds-moi, coquin ! réponds-moi ! Voyons un peu tes belles raisons ! » Oh ! que diable ! vous demeurez interdit[1] ?

OCTAVE. C'est que je m'imagine que c'est mon père que j'entends.

80 **SCAPIN.** Eh ! oui ! C'est par cette raison qu'il ne faut pas être comme un innocent[2].

OCTAVE. Je m'en vais prendre plus de résolution, et je répondrai fermement.

SCAPIN. Assurément ?

85 **OCTAVE.** Assurément.

SYLVESTRE. Voilà votre père qui revient.

OCTAVE, *s'enfuyant.* Ô Ciel ! Je suis perdu !

SCAPIN. Holà ! Octave, demeurez, Octave ! Le voilà enfui ! Quelle pauvre espèce d'homme ! Ne laissons pas d'attendre le vieillard.

90 **SYLVESTRE.** Que lui dirai-je ?

SCAPIN. Laisse-moi dire, moi, et ne fais que me suivre.

Scène 4 ARGANTE, SCAPIN, SYLVESTRE.

ARGANTE, *se croyant seul.* A-t-on jamais ouï parler d'une action pareille à celle-là ?

SCAPIN. Il a déjà appris l'affaire, et elle lui tient si fort en tête que tout seul il en parle haut.

5 **ARGANTE,** *se croyant seul.* Voila une témérité[3] bien grande !

SCAPIN. Écoutons-le un peu.

---

1. **Interdit :** déconcerté, ébahi.
2. **Un innocent :** un idiot.
3. **Une témérité :** une audace.

ARGANTE, *se croyant seul.* Je voudrais savoir ce qu'ils me pourront dire sur ce beau mariage.

SCAPIN, *à part.* Nous y avons songé.

10 **ARGANTE,** *se croyant seul.* Tâcheront-ils de me nier la chose ?

SCAPIN. Non, nous n'y pensons pas.

ARGANTE, *se croyant seul.* Ou s'ils entreprendront de l'excuser ?

SCAPIN. Celui-là[1] se pourra faire.

ARGANTE, *se croyant seul.* Prétendront-ils m'amuser par des contes
15 en l'air[2] ?

SCAPIN. Peut-être.

ARGANTE, *se croyant seul.* Tous leurs discours seront inutiles.

SCAPIN. Nous allons voir.

ARGANTE, *se croyant seul.* Ils ne m'en donneront point à garder[3].

20 **SCAPIN.** Ne jurons de rien.

ARGANTE, *se croyant seul.* Je saurai mettre mon pendard de fils en
lieu de sûreté[4].

SCAPIN. Nous y pourvoirons[5].

ARGANTE, *se croyant seul.* Et pour le coquin de Sylvestre, je le
25 rouerai de coups.

SYLVESTRE, *à Scapin.* J'étais bien étonné, s'il m'oubliait.

ARGANTE, *apercevant Sylvestre.* Ah ! ah ! vous voilà donc, sage
gouverneur de famille, beau directeur de jeunes gens !

SCAPIN. Monsieur, je suis ravi de vous voir de retour.

30 **ARGANTE.** Bonjour, Scapin. *(À Sylvestre.)* Vous avez suivi mes
ordres vraiment d'une belle manière, et mon fils s'est comporté fort
sagement pendant mon absence !

---

1. **Celui-là :** cela.
2. **Des contes en l'air :** des histoires absurdes, déraisonnables.
3. **Ils ne m'en donneront point à garder :** ils ne m'auront pas.
4. **En lieu de sûreté :** enfermé (éventuellement en prison, puisque les pères pouvaient faire emprisonner leurs enfants).
5. **Nous y pourvoirons :** nous ferons tout ce qui est nécessaire pour cela.

SCAPIN. Vous vous portez bien, à ce que je vois ?

ARGANTE. Assez bien. *(À Sylvestre.)* Tu ne dis mot, coquin, tu ne dis mot !

SCAPIN. Votre voyage a-t-il été bon ?

ARGANTE. Mon Dieu, fort bon. Laisse-moi un peu quereller[1] en repos !

SCAPIN. Vous voulez quereller ?

ARGANTE. Oui, je veux quereller.

SCAPIN. Et qui, Monsieur ?

ARGANTE, *montrant Sylvestre.* Ce maraud-là.

SCAPIN. Pourquoi ?

ARGANTE. Tu n'as pas ouï parler de ce qui s'est passé dans mon absence ?

SCAPIN. J'ai bien ouï parler de quelque petite chose.

ARGANTE. Comment, quelque petite chose ! Une action de cette nature ?

SCAPIN. Vous avez quelque raison...

ARGANTE. Une hardiesse pareille à celle-là ?

SCAPIN. Cela est vrai.

ARGANTE. Un fils qui se marie sans le consentement de son père ?

SCAPIN. Oui, il y a quelque chose à dire à cela[2]. Mais je serais d'avis que vous ne fissiez point de bruit.

ARGANTE. Je ne suis pas de cet avis et je veux faire du bruit, tout mon soûl[3]. Quoi ! tu ne trouves pas que j'aie tous les sujets du monde d'être en colère ?

SCAPIN. Si fait ! j'y ai d'abord été, moi, lorsque j'ai su la chose, et je me suis intéressé pour vous[4] jusqu'à quereller votre fils. Demandez-lui un peu quelles belles réprimandes je lui ai faites,

---

1. **Quereller :** faire de violents reproches.
2. **Quelque chose à dire à cela :** des observations à faire à ce sujet.
3. **Tout mon soûl :** autant que je veux.
4. **Je me suis intéressé pour vous :** je me suis mis du côté de vos intérêts.

et comme je l'ai chapitré sur[1] le peu de respect qu'il gardait à un père dont il devait baiser les pas. On ne peut pas lui mieux parler, quand ce serait vous-même. Mais quoi ! Je me suis rendu à la raison et j'ai considéré que, dans le fond, il n'a pas tant de tort qu'on pourrait croire.

ARGANTE. Que me viens-tu conter ? Il n'a pas tant de tort de s'aller marier de but en blanc[2] avec une inconnue ?

65 **SCAPIN.** Que voulez-vous ? Il a été poussé par sa destinée.

ARGANTE. Ah ! ah ! voici une raison la plus belle du monde ! On n'a plus qu'à commettre tous les crimes imaginables, tromper, voler, assassiner, et dire pour excuse qu'on y a été poussé par sa destinée.

70 **SCAPIN.** Mon Dieu, vous prenez mes paroles trop en philosophe. Je veux dire qu'il s'est trouvé fatalement engagé dans cette affaire.

ARGANTE. Et pourquoi s'y engageait-il ?

SCAPIN. Voulez-vous qu'il soit aussi sage que vous ? Les jeunes gens sont jeunes, et n'ont pas toute la prudence qu'il leur faudrait
75 pour ne rien faire que de raisonnable[3] : témoin notre Léandre, qui, malgré toutes mes leçons, malgré toutes mes remontrances, est allé faire, de son côté, pis[4] encore que votre fils. Je voudrais bien savoir si vous-même n'avez pas été jeune et n'avez pas, dans votre temps, fait des fredaines[5] comme les autres. J'ai ouï dire, moi, que vous
80 avez été autrefois un compagnon[6] parmi les femmes, que vous faisiez le drôle[7] avec les plus galantes[8] de ce temps-là, et que vous n'en approchiez point que vous ne poussassiez à bout[9].

---

1. **Je l'ai chapitré sur :** je lui ai reproché.
2. **De but en blanc :** brusquement, sans réfléchir.
3. **Pour ne rien faire que de raisonnable :** pour ne faire que ce qui est raisonnable.
4. **Pis :** pire.
5. **Des fredaines :** des bêtises.
6. **Un compagnon :** un homme toujours prêt à participer.
7. **Vous faisiez le drôle :** vous meniez joyeuse vie.
8. **Les plus galantes :** les plus coquettes, celles qui cherchent toujours à plaire aux hommes.
9. **Que vous n'en approchiez point que vous ne poussassiez à bout :** pas une seule de celles que vous approchiez ne résistait, et vous obteniez à chaque fois ses faveurs.

85 **ARGANTE.** Cela est vrai, j'en demeure d'accord ; mais je m'en suis toujours tenu à la galanterie[1] et je n'ai point été jusqu'à faire ce qu'il a fait.

SCAPIN. Que vouliez-vous qu'il fît ? Il voit une jeune personne qui lui veut du bien (car il tient cela de vous, d'être aimé de toutes les
90 femmes). Il la trouve charmante. Il lui rend des visites, lui conte des douceurs, soupire galamment, fait le passionné. Elle se rend à sa poursuite[2]. Il pousse sa fortune[3]. Le voilà surpris avec elle par ses parents, qui, la force à la main[4], le contraignent de l'épouser.

SYLVESTRE, *à part.* L'habile fourbe que voilà !

95 **SCAPIN.** Eussiez-vous voulu qu'il se fût laissé tuer ? Il vaut mieux encore être marié qu'être mort.

ARGANTE. On ne m'a pas dit que l'affaire se soit ainsi passée.

SCAPIN, *montrant Sylvestre.* Demandez-lui plutôt. Il ne vous dira pas le contraire.

100 **ARGANTE,** *à Sylvestre.* C'est par force qu'il a été marié ?

SYLVESTRE. Oui, Monsieur.

SCAPIN. Voudrais-je vous mentir ?

ARGANTE. Il devait donc aller tout aussitôt protester de violence[5] chez un notaire[6].

105 **SCAPIN.** C'est ce qu'il n'a pas voulu faire.

ARGANTE. Cela m'aurait donné plus de facilité à rompre ce mariage.

SCAPIN. Rompre ce mariage ?

ARGANTE. Oui.

110 **SCAPIN.** Vous ne le romprez point.

---

1. **La galanterie :** l'aventure amoureuse, sans lendemain.
2. **Elle se rend à sa poursuite :** elle accepte de le rencontrer (en tête à tête).
3. **Il pousse sa fortune :** il va un peu plus loin, profitant de sa chance.
4. **La force à la main :** les armes à la main.
5. **Protester de violence :** déclarer publiquement qu'on lui avait fait violence.
6. **Notaire :** homme de loi, dont l'une des fonctions est d'établir l'authenticité d'un acte (équivalent de l'huissier actuel).

ARGANTE. Je ne le romprai point ?

SCAPIN. Non.

ARGANTE. Quoi ! je n'aurai pas pour moi les droits de père et la raison[1] de la violence qu'on a faite à mon fils ?

115 **SCAPIN.** C'est une chose dont il ne demeurera pas d'accord.

ARGANTE. Il n'en demeurera pas d'accord ?

SCAPIN. Non.

ARGANTE. Mon fils ?

SCAPIN. Votre fils. Voulez-vous qu'il confesse qu'il ait été capable
120 de crainte, et que ce soit par force qu'on lui ait fait faire les choses ?
Il n'a garde[2] d'aller avouer cela. Ce serait se faire tort, et se montrer indigne d'un père comme vous.

ARGANTE. Je me moque de cela.

SCAPIN. Il faut, pour son honneur et pour le vôtre, qu'il dise dans
125 le monde que c'est de bon gré qu'il l'a épousée.

ARGANTE. Et je veux, moi, pour mon honneur et pour le sien, qu'il dise le contraire.

SCAPIN. Non, je suis sûr qu'il ne le fera pas.

ARGANTE. Je l'y forcerai bien.

130 **SCAPIN.** Il ne le fera pas, vous dis-je.

ARGANTE. Il le fera, ou je le déshériterai.

SCAPIN. Vous ?

ARGANTE. Moi.

SCAPIN. Bon !

135 **ARGANTE.** Comment, bon !

SCAPIN. Vous ne le déshériterez point.

ARGANTE. Je ne le déshériterai point ?

SCAPIN. Non.

ARGANTE. Non ?

---

1. **La raison :** la reconnaissance, et donc la réparation.
2. **Il n'a garde :** il se garde bien.

140 **SCAPIN.** Non.

ARGANTE. Ouais ! voici qui est plaisant. Je ne déshériterai point mon fils ?

SCAPIN. Non, vous dis-je.

ARGANTE. Qui m'en empêchera ?

145 **SCAPIN.** Vous-même.

ARGANTE. Moi ?

SCAPIN. Oui. Vous n'aurez pas ce cœur-là[1].

ARGANTE. Je l'aurai.

SCAPIN. Vous vous moquez !

150 **ARGANTE.** Je ne me moque point.

SCAPIN. La tendresse paternelle fera son office[2].

ARGANTE. Elle ne fera rien.

SCAPIN. Oui, oui.

ARGANTE. Je vous dis que cela sera.

155 **SCAPIN.** Bagatelles !

ARGANTE. Il ne faut point dire : Bagatelles.

SCAPIN. Mon Dieu, je vous connais, vous êtes bon naturellement[3].

ARGANTE. Je ne suis point bon, et je suis méchant, quand je veux. Finissons ce discours qui m'échauffe la bile[4]. *(En s'adressant à* 160 *Sylvestre.)* Va-t'en, pendard, va-t'en me chercher mon fripon, tandis que j'irai rejoindre le seigneur Géronte pour lui conter ma disgrâce[5].

SCAPIN. Monsieur, si je vous puis être utile en quelque chose, vous n'avez qu'à me commander.

ARGANTE. Je vous remercie. *(À part.)* Ah ! pourquoi faut-il qu'il 165 soit fils unique ! Et que n'ai-je à cette heure la fille que le Ciel m'a ôtée, pour la faire mon héritière !

---

1. **Ce cœur-là :** ce courage-là.
2. **Fera son office :** fera son devoir, et donc l'emportera.
3. **Naturellement :** de nature.
4. **M'échauffe la bile :** me met en colère.
5. **Ma disgrâce :** mon malheur.

Scène 5 SCAPIN, SYLVESTRE.

SYLVESTRE. J'avoue que tu es un grand homme, et voilà l'affaire en bon train, mais l'argent, d'autre part, nous presse pour notre subsistance[1], et nous avons de tous côtés des gens qui aboient après nous.

SCAPIN. Laisse-moi faire, la machine est trouvée. Je cherche seulement dans ma tête un homme qui nous soit affidé[2], pour jouer un personnage dont j'ai besoin. Attends. Tiens-toi un peu. Enfonce ton bonnet en méchant garçon. Campe-toi sur un pied. Mets ta main au côté. Fais les yeux furibonds. Marche un peu en roi de théâtre[3]. Voilà qui est bien. Suis-moi. J'ai les secrets pour déguiser ton visage et ta voix.

SYLVESTRE. Je te conjure de ne m'aller point brouiller avec la justice.

SCAPIN. Va, va, nous partagerons les périls en frères ; et trois ans de galères[4] de plus ou de moins ne sont pas pour arrêter un noble cœur[5].

---

1. **L'argent nous presse pour notre subsistance :** il devient urgent de trouver de l'argent pour vivre.
2. **Affidé :** complice, et prêt à tout.
3. **En roi de théâtre :** rôle de personnage de théâtre, qui nécessite un physique et un aspect particuliers (une grande taille, une certaine corpulence, un ton de voix imposant, une démarche assurée...).
4. **Galères :** peine de ceux qui étaient condamnés à ramer sur les galères du roi, c'est-à-dire sur de lourds bateaux de guerre.
5. **Un noble cœur :** un courage exceptionnel, hors du commun.

Clefs d'analyse

Acte I, scènes 3, 4 et 5

Action et personnages

1. Qu'est-ce qui décide Scapin à aider Octave dans la scène 3 ?

2. Pourquoi Scapin et Sylvestre ne se montrent-ils pas tout de suite à Argante au début de la scène 4 ?

3. Quelle nouvelle information est donnée par Argante à la fin de la scène 4 ?

4. Quelle action est lancée à la fin de l'acte I ?

5. Qui va agir, et au profit de qui, désormais ?

6. Que reste-t-il à découvrir au spectateur ?

Langue

7. Observez le dialogue amoureux d'Octave et de Hyacinte dans la scène 3 (l. 1 à 36). Ce langage est-il naturel ?

8. Quel est le niveau de langue employé par Octave et Hyacinte dans la scène 3 ?

9. Observez la réplique de Scapin à la fin de la scène 3 (l. 68 à 78). Quel est le rôle des guillemets ?

10. Que désignent les pronoms employés dans les passages entre guillemets et dans les passages hors guillemets (l. 68 à 78) ?

Genre ou thèmes

11. Dans ces trois scènes, on trouve plusieurs moments de « théâtre dans le théâtre », pendant lesquels des personnages jouent un autre rôle que le leur. Analysez ces passages. Qui prend le rôle de qui, et pour quoi faire ?

12. Au début de la scène 4, Scapin parle « à part », alors que Argante « se croit seul ». Quel est l'intérêt d'organiser ainsi le dialogue ?

13. Quelles sont les indications données par l'auteur (en italique) dont on ne peut absolument pas se passer dans la scène 4 ?

14. Quelle a été la fonction de ce premier acte ?

Écriture

15. Rédigez les réponses que pourrait faire Octave à son père (scène 3, l. 68 à 78).

16. Réécrivez le passage de la scène 4, de la ligne 27 à la ligne 35, sous forme de dialogue à insérer dans un roman.

17. Rédigez un dialogue de théâtre dans lequel un personnage A tentera de convaincre un personnage B.

18. Rédigez le monologue intérieur de Scapin qui donne ses impressions sur Hyacinte.

19. Faites la liste des différents arguments fournis par Scapin pour tenter de convaincre Argante dans la scène 4. Proposez-en d'autres.

Pour aller plus loin

20. Argante est un riche bourgeois mais son fils n'a pas d'argent. Octave est suffisamment âgé pour se marier librement mais son père a tout pouvoir sur lui. Pour expliquer ces contradictions, faites une recherche sur l'organisation de la société et de la famille à la fin du XVIIe siècle.

21. Expliquez cette citation d'une fable de Jean de La Fontaine : « Et chacun croit fort aisément / Ce qu'il craint et ce qu'il désire » (« Le Loup et le Renard »). À quels moments de l'acte I pouvez-vous rapprocher cette affirmation ?

22. Mise en scène : apprenez et jouez la fin de la scène 3 (l. 68 à 91). Vous devez mettre en valeur l'aspect comique de ce passage.

✳ À retenir

Au théâtre, les personnages se parlent en échangeant des répliques. C'est leur dialogue qui permet aux spectateurs de comprendre l'action. Un aparté est une réplique dite à haute voix par l'acteur, que son partenaire n'est pas censé entendre. Il est destiné au public. Les didascalies (en italique) font partie du texte. Ce sont des indications de mise en scène données par l'auteur.

Clefs d'analyse

ACTE II

Scène 1 GÉRONTE, ARGANTE.

GÉRONTE. Oui, sans doute, par le temps qu'il fait, nous aurons ici nos gens[1] aujourd'hui ; et un matelot qui vient de Tarente m'a assuré qu'il avait vu mon homme qui était près de s'embarquer. Mais l'arrivée de ma fille trouvera les choses mal disposées à[2] ce que nous nous proposions, et ce que vous venez de m'apprendre de votre fils rompt étrangement les mesures[3] que nous avions prises ensemble.

ARGANTE. Ne vous mettez pas en peine ; je vous réponds de renverser tout cet obstacle, et j'y travaille de ce pas.

GÉRONTE. Ma foi, seigneur Argante, voulez-vous que je vous dise ? l'éducation des enfants est une chose à quoi il faut s'attacher[4] fortement.

ARGANTE. Sans doute. À quel propos cela ?

GÉRONTE. À propos de ce que les mauvais déportements des jeunes gens viennent le plus souvent de la mauvaise éducation que leurs pères leur donnent.

ARGANTE. Cela arrive parfois. Mais que voulez-vous dire par là ?

GÉRONTE. Ce que je veux dire par là ?

ARGANTE. Oui.

GÉRONTE. Que, si vous aviez, en brave père, bien morigéné[5] votre fils, il ne vous aurait pas joué le tour qu'il vous a fait.

---

1. **Nos gens :** ceux que nous attendons, c'est-à-dire ma fille et tous ceux qui voyagent avec elle.
2. **Les choses mal disposées à :** la situation peu adaptée à.
3. **Rompt [...] les mesures :** annule les décisions.
4. **À quoi il faut s'attacher :** à laquelle il faut s'appliquer en permanence, en y faisant extrêmement attention.
5. **Morigéné :** élevé.

ARGANTE. Fort bien. De sorte donc que vous avez bien morigéné le vôtre ?

GÉRONTE. Sans doute, et je serais bien fâché qu'il m'eût rien fait
25 approchant[1] de cela.

ARGANTE. Et si ce fils que vous avez, en brave père, si bien morigéné, avait fait pis encore que le mien, eh ?

GÉRONTE. Comment ?

ARGANTE. Comment ?

30 **GÉRONTE.** Qu'est-ce que cela veut dire ?

ARGANTE. Cela veut dire, seigneur Géronte, qu'il ne faut pas être si prompt[2] à condamner la conduite des autres, et que ceux qui veulent gloser[3] doivent bien regarder chez eux s'il n'y a rien qui cloche.

35 **GÉRONTE.** Je n'entends point[4] cette énigme.

ARGANTE. On vous l'expliquera.

GÉRONTE. Est-ce que vous auriez ouï dire quelque chose de mon fils ?

ARGANTE. Cela se peut faire.

40 **GÉRONTE.** Et quoi encore ?

ARGANTE. Votre Scapin, dans mon dépit[5], ne m'a dit la chose qu'en gros, et vous pourrez, de lui ou de quelque autre, être instruit du détail[6]. Pour moi, je vais vite consulter un avocat, et aviser des biais[7] que j'ai à prendre. Jusqu'au revoir.

---

1. **Approchant de cela** : de comparable à cela.
2. **Prompt** : rapide, empressé.
3. **Gloser** : critiquer.
4. **Je n'entends point** : je ne comprends pas.
5. **Mon dépit** : mon chagrin plein de colère.
6. **Être instruit du détail** : connaître les détails.
7. **Aviser des biais** : réfléchir aux moyens de sortir de cette situation.

Scène 2 Léandre, Géronte.

Géronte, *seul.* Que pourrait-ce être que cette affaire-ci ? Pis encore que le sien ! Pour moi, je ne vois pas ce que l'on peut faire de pis, et je trouve que se marier sans le consentement de son père est une action qui passe[1] tout ce qu'on peut s'imaginer. Ah ! vous
5 voilà !

Léandre, *en courant à lui pour l'embrasser.* Ah ! mon père, que j'ai de joie de vous voir de retour !

Géronte, *refusant de l'embrasser.* Doucement. Parlons un peu d'affaire.

10 **Léandre.** Souffrez[2] que je vous embrasse, et que...

Géronte, *le repoussant encore.* Doucement, vous dis-je.

Léandre. Quoi ! Vous me refusez, mon père, de vous exprimer mon transport par mes embrassements ?

Géronte. Oui. Nous avons quelque chose à démêler[3] ensemble.

15 **Léandre.** Et quoi ?

Géronte. Tenez-vous[4], que je vous voie en face.

Léandre. Comment ?

Géronte. Regardez-moi entre deux yeux.

Léandre. Hé bien ?

20 **Géronte.** Qu'est-ce donc qu'il s'est passé ici ?

Léandre. Ce qui s'est passé ?

Géronte. Oui. Qu'avez-vous fait dans mon absence ?

Léandre. Que voulez-vous, mon père, que j'aie fait ?

---

1. **Qui passe :** qui dépasse.
2. **Souffrez :** permettez.
3. **Démêler :** éclaircir.
4. **Tenez-vous :** restez à cette place.

GÉRONTE. Ce n'est pas moi qui veux que vous ayez fait, mais qui demande ce que c'est que vous avez fait.

LÉANDRE. Moi ? je n'ai fait aucune chose dont vous ayez lieu de vous plaindre.

GÉRONTE. Aucune chose ?

LÉANDRE. Non.

GÉRONTE. Vous êtes bien résolu[1].

LÉANDRE. C'est que je suis sûr de mon innocence.

GÉRONTE. Scapin pourtant a dit de vos nouvelles.

LÉANDRE. Scapin !

GÉRONTE. Ah ! ah ! ce mot vous fait rougir.

LÉANDRE. Il vous a dit quelque chose de moi ?

GÉRONTE. Ce lieu n'est pas tout à fait propre à vider cette affaire[2], et nous allons l'examiner ailleurs. Qu'on se rende au logis. J'y vais revenir tout à l'heure. Ah ! traître, s'il faut que tu me déshonores, je te renonce pour mon fils[3], et tu peux bien pour jamais te résoudre à fuir de ma présence[4].

Scène 3 OCTAVE, SCAPIN, LÉANDRE.

LÉANDRE, *seul*. Me trahir de cette manière ! Un coquin qui doit par cent raisons être le premier à cacher les choses que je lui

---

1. **Résolu :** sûr de vous.
2. **N'est pas propre à vider cette affaire :** ne convient pas pour régler cette affaire.
3. **Je te renonce pour mon fils :** je te renie, je ne te considère plus comme étant mon fils.
4. **Tu peux bien pour jamais te résoudre à fuir de ma présence :** tu peux être bien convaincu que tu ne pourras plus jamais paraître devant moi.

confie, est le premier à les aller découvrir[1] à mon père ! Ah ! je jure le Ciel que cette trahison ne demeurera pas impunie.

5 **OCTAVE.** Mon cher Scapin, que ne dois-je point à tes soins ! Que tu es un homme admirable ! et que le Ciel m'est favorable de t'envoyer à mon secours !

LÉANDRE. Ah ! ah ! vous voilà. Je suis ravi de vous trouver, Monsieur le coquin.

10 **SCAPIN.** Monsieur, votre serviteur. C'est trop d'honneur que vous me faites.

LÉANDRE, *mettant l'épée à la main.* Vous faites le méchant plaisant[2] ? Ah ! je vous apprendrai...

SCAPIN, *se mettant à genoux.* Monsieur !

15 **OCTAVE,** *se mettant entre eux pour empêcher Léandre de le frapper.* Ah ! Léandre !

LÉANDRE. Non, Octave, ne me retenez point, je vous prie.

SCAPIN, *à Léandre.* Eh ! Monsieur !

OCTAVE, *le retenant.* De grâce !

20 **LÉANDRE,** *voulant frapper Scapin.* Laissez-moi contenter mon ressentiment[3].

OCTAVE. Au nom de l'amitié, Léandre, ne le maltraitez point !

SCAPIN. Monsieur, que vous ai-je fait ?

LÉANDRE, *voulant le frapper.* Ce que tu m'as fait, traître ?

25 **OCTAVE,** *le retenant.* Eh ! doucement !

LÉANDRE. Non, Octave, je veux qu'il me confesse lui-même tout à l'heure[4] la perfidie[5] qu'il m'a faite. Oui, coquin, je sais le trait[6] que tu m'as joué, on vient de me l'apprendre, et tu ne croyais pas peut-

---

1. **Découvrir :** révéler.
2. **Le méchant plaisant :** celui qui fait des plaisanteries méchantes, de très mauvais goût.
3. **Contenter mon ressentiment :** satisfaire mon envie d'exprimer ma rage, ma rancune contre lui.
4. **Tout à l'heure :** tout de suite.
5. **La perfidie :** la trahison.
6. **Le trait :** le sale tour.

être que l'on me dût révéler ce secret ; mais je veux en avoir la
30 confession de ta propre bouche, ou je vais te passer cette épée au
travers du corps.

SCAPIN. Ah ! Monsieur, auriez-vous bien ce cœur-là ?

LÉANDRE. Parle donc.

SCAPIN. Je vous ai fait quelque chose, Monsieur ?

35 **LÉANDRE.** Oui, coquin, et ta conscience ne te dit que trop ce que
c'est.

SCAPIN. Je vous assure que je l'ignore.

LÉANDRE, *s'avançant pour le frapper.* Tu l'ignores !

OCTAVE, *le retenant.* Léandre !

40 **SCAPIN.** Eh bien ! Monsieur, puisque vous le voulez, je vous
confesse que j'ai bu avec mes amis ce petit quartaut[1] de vin d'Espagne
dont on vous fit présent il y a quelques jours, et que c'est moi qui
fis une fente au tonneau, et répandis de l'eau autour pour faire
croire que le vin s'était échappé.

45 **LÉANDRE.** C'est toi, pendard, qui m'as bu mon vin d'Espagne,
et qui as été cause que j'ai tant querellé la servante, croyant que
c'était elle qui m'avait fait le tour ?

SCAPIN. Oui, Monsieur, je vous en demande pardon.

LÉANDRE. Je suis bien aise d'apprendre cela ; mais ce n'est pas l'affaire
50 dont il est question maintenant.

SCAPIN. Ce n'est pas cela, Monsieur ?

LÉANDRE. C'est une autre affaire qui me touche bien plus, et je
veux que tu me la dises.

SCAPIN. Monsieur, je ne me souviens pas d'avoir fait autre chose.

55 **LÉANDRE,** *voulant le frapper.* Tu ne veux pas parler ?

SCAPIN. Eh !

OCTAVE, *le retenant.* Tout doux !

SCAPIN. Oui, Monsieur, il est vrai qu'il y a trois semaines que vous
m'envoyâtes porter, le soir, une petite montre à la jeune Égyptienne

---

1. **Ce petit quartaut :** ce petit tonneau.

60 que vous aimez. Je revins au logis, mes habits tout couverts de boue et le visage plein de sang, et vous dis que j'avais trouvé des voleurs qui m'avaient bien battu et m'avaient dérobé la montre. C'était moi, Monsieur, qui l'avais retenue[1].

LÉANDRE. C'est toi qui as retenu ma montre ?

65 **SCAPIN.** Oui, Monsieur, afin de voir quelle heure il est.

LÉANDRE. Ah ! ah ! j'apprends ici de jolies choses, et j'ai un serviteur fort fidèle, vraiment. Mais ce n'est pas encore cela que je demande.

SCAPIN. Ce n'est pas cela ?

70 **LÉANDRE.** Non, infâme ; c'est autre chose encore que je veux que tu me confesses.

SCAPIN, *à part.* Peste !

LÉANDRE. Parle vite, j'ai hâte.

SCAPIN. Monsieur, voilà tout ce que j'ai fait.

75 **LÉANDRE,** *voulant frapper Scapin.* Voilà tout ?

OCTAVE, *se mettant au-devant.* Eh !

SCAPIN. Eh bien ! oui Monsieur, vous vous souvenez de ce loup-garou[2], il y a six mois, qui vous donna tant de coups de bâton, la nuit, et vous pensa faire[3] rompre le cou dans une cave où vous
80 tombâtes en fuyant.

LÉANDRE. Hé bien ?

SCAPIN. C'était moi, Monsieur, qui faisais le loup-garou.

LÉANDRE. C'était toi, traître, qui faisais le loup-garou ?

SCAPIN. Oui, monsieur, seulement pour vous faire peur et vous
85 ôter l'envie de me faire courir toutes les nuits comme vous aviez coutume.

LÉANDRE. Je saurai me souvenir en temps et lieu de tout ce que je viens d'apprendre. Mais je veux venir au fait, et que tu me confesses ce que tu as dit à mon père.

---

1. **Retenue :** gardée pour moi.
2. **Ce loup-garou :** ce sauvage, ce monstre.
3. **Et vous pensa faire :** et qui faillit vous faire.

90 **SCAPIN.** À votre père ?

LÉANDRE. Oui, fripon, à mon père.

SCAPIN. Je ne l'ai pas seulement vu depuis son retour.

LÉANDRE. Tu ne l'as pas vu ?

SCAPIN. Non, Monsieur.

95 **LÉANDRE.** Assurément ?

SCAPIN. Assurément. C'est une chose que je vais vous faire dire par lui-même.

LÉANDRE. C'est de sa bouche que je le tiens, pourtant.

SCAPIN. Avec votre permission[1], il n'a pas dit la vérité.

Dessin de Scapin.
Gouache de Robert Hirsch, 1927.

---

1. **Avec votre permission** : si vous le permettez (formule de politesse).

Clefs d'analyse

Action et personnages

1. Combien de temps s'est-il écoulé et que s'est-il passé entre l'acte I et l'acte II ?

2. Quel reproche Géronte fait-il à Argante dans la scène 1, et quelle est la réaction d'Argante ?

3. Qu'a dit précisément Scapin à Argante au sujet de Léandre dans une scène précédente ?

4. Quelle menace Géronte profère-t-il contre son fils dans la scène 2 ?

5. Pourquoi Scapin se jette-t-il à genoux et pourquoi Octave intervient-il quand Léandre s'adresse à Scapin dans la scène 3 ?

6. Qu'est-ce qui peut expliquer le changement soudain d'attitude de Scapin à la fin de la scène 3 ?

Langue

7. Relevez les phrases à la forme impersonnelle dans la scène 1. Qui les emploie et pourquoi ?

8. Relevez tous les mots et expressions qui se répètent en écho dans la scène 1. Quel est l'effet produit ?

9. En quoi les deux premières répliques de la scène 3 sont-elles ressemblantes et en quoi sont-elles différentes ?

10. Relevez les répliques de la scène 3 dans lesquelles Scapin utilise le passé simple et justifiez cet emploi.

Genre ou thèmes

11. Scapin a-t-il réellement peur de Léandre dans la scène 3 ?

12. Donnez un nom à chacune des trois fourberies révélées par Scapin dans la scène 3.

13. À qui ces trois fourberies de Scapin ont-elles profité et qui en a été la victime ?

14. Quel moyen Scapin a-t-il utilisé pour mener à bien ses fourberies ? Pourquoi n'a-t-il jamais été soupçonné ?

15. En quoi consiste le quiproquo de la scène 3 ?

Écriture

16. Rédigez la réplique qui précède immédiatement celle de Géronte au début de la scène 1.

17. Le soir du vol de la montre, Scapin raconte son agression à Léandre en donnant de nombreux détails. Rédigez son récit.

18. Rédigez la lettre envoyée à sa famille par la servante injustement accusée dans la scène 3, en insistant sur ses sentiments.

19. À la fin de la scène 3, Octave et Léandre s'isolent pour discuter de la situation. Léandre veut se venger de Scapin, Octave veut le préserver. Rédigez leur dialogue.

Pour aller plus loin

20. Cherchez la définition et l'étymologie du nom commun « géronte » dans un dictionnaire de langue. Proposez plusieurs mots de la même famille et donnez leur sens.

21. Faites une recherche sur la vie des domestiques au XVIIe siècle. Précisez comment ils étaient traités et quels étaient leurs droits et leurs devoirs.

22. Rédigez une fiche descriptive dans laquelle vous préciserez et détaillerez tous les éléments du décor et les accessoires de l'acte II.

> ## ✳ À retenir
>
> Le mot quiproquo vient du latin *quid pro quod* qui signifie « quelque chose pour autre chose ». Il désigne un malentendu résultant d'une confusion faite entre des personnes, des situations ou sur le sens de paroles. On l'utilise très souvent au théâtre car il permet d'alimenter le comique. Il sert aussi à faire évoluer différemment l'action, ou encore à mettre en valeur certains traits de caractère.

Clefs d'analyse

Scène 4 <small>CARLE, SCAPIN, LÉANDRE, OCTAVE.</small>

CARLE. Monsieur, je vous apporte une nouvelle qui est fâcheuse pour votre amour.

LÉANDRE. Comment ?

CARLE. Vos Égyptiens sont sur le point de vous enlever Zerbinette,
5 et elle-même, les larmes aux yeux, m'a chargé de venir promptement vous dire que, si dans deux heures vous ne songez à leur porter l'argent qu'ils vous ont demandé pour elle, vous l'allez perdre pour jamais.

LÉANDRE. Dans deux heures ?

CARLE. Dans deux heures.

10 **LÉANDRE.** Ah ! mon pauvre Scapin ! j'implore ton secours.

SCAPIN, *passant devant lui avec un air fier.* « Ah ! mon pauvre Scapin ! » je suis « mon pauvre Scapin » à cette heure qu'on a besoin de moi.

LÉANDRE. Va, je te pardonne tout ce que tu viens de me dire, et
15 pis encore, si tu me l'as fait.

SCAPIN. Non, non, ne me pardonnez rien. Passez-moi votre épée au travers du corps. Je serai ravi que vous me tuiez.

LÉANDRE. Non. Je te conjure plutôt de me donner la vie en servant mon amour.

20 **SCAPIN.** Point, point, vous ferez mieux de me tuer.

LÉANDRE. Tu m'es trop précieux ; et je te prie de vouloir employer pour moi ce génie admirable[1] qui vient à bout de toute chose.

SCAPIN. Non, tuez-moi, vous dis-je.

LÉANDRE. Ah ! de grâce, ne songe plus à tout cela, et pense à me
25 donner le secours que je te demande.

OCTAVE. Scapin, il faut faire quelque chose pour lui.

SCAPIN. Le moyen, après une avanie[2] de la sorte ?

---

1. **Ce génie admirable :** cette capacité extraordinaire à créer, à inventer.
2. **Une avanie :** un affront public, une insulte.

LÉANDRE. Je te conjure d'oublier mon emportement et de me prêter ton adresse[1].

30   **OCTAVE.** Je joins mes prières aux siennes.

SCAPIN. J'ai cette insulte-là sur le cœur.

OCTAVE. Il faut quitter[2] ton ressentiment.

LÉANDRE. Voudrais-tu m'abandonner, Scapin, dans la cruelle
extrémité où se voit mon amour ?

35   **SCAPIN.** Me venir faire à l'improviste[3] un affront comme celui-là !

LÉANDRE. J'ai tort, je le confesse.

SCAPIN. Me traiter de coquin, de fripon, de pendard, d'infâme !

LÉANDRE. J'en ai tous les regrets du monde.

SCAPIN. Me vouloir passer son épée au travers du corps !

40   **LÉANDRE.** Je t'en demande pardon de tout mon cœur ; et, s'il ne
tient qu'à me jeter à tes genoux, tu m'y vois, Scapin, pour te conju-
rer encore une fois de ne me point abandonner.

OCTAVE. Ah ! ma foi, Scapin, il se faut rendre à cela[4].

SCAPIN. Levez-vous. Une autre fois, ne soyez point si prompt.

45   **LÉANDRE.** Me promets-tu de travailler pour moi ?

SCAPIN. On y songera.

LÉANDRE. Mais tu sais que le temps presse !

SCAPIN. Ne vous mettez pas en peine. Combien est-ce qu'il vous faut ?

LÉANDRE. Cinq cents écus[5].

50   **SCAPIN.** Et à vous ?

OCTAVE. Deux cents pistoles[6].

---

1. **Me prêter ton adresse :** mettre ton habileté à ma disposition.
2. **Quitter :** oublier, laisser de côté.
3. **À l'improviste :** sans que je m'y attende.
4. **Il se faut rendre à cela :** il faut capituler, abandonner sa position.
5. **Cinq cents écus :** un écu est une pièce d'argent qui vaut à peu près trois *livres* (ou
trois *francs*). Une livre vaut 20 *sols*, donc un écu vaut 60 sols. Un artisan gagne en
moyenne 8 sols par jour, et son salaire annuel est de 100 à 200 livres, soit environ
35 à 65 écus par an. La somme de 500 écus est donc colossale.
6. **Deux cents pistoles :** la *pistole* est une monnaie espagnole qui avait encore cours à
l'époque de Molière, mais qui n'était plus fabriquée. Une pistole vaut 10 livres environ.

Scapin. Je veux tirer cet argent de vos pères. *(À Octave.)* Pour ce qui est du vôtre, la machine est déjà toute trouvée. *(À Léandre.)* Et quant au vôtre, bien qu'avare au dernier degré, il y faudra moins de façons encore ; car vous savez que, pour l'esprit, il n'en a pas, grâces à Dieu, grande provision, et je le livre[1] pour une espèce d'homme à qui l'on fera toujours croire tout ce que l'on voudra. Cela ne vous offense point, il ne tombe entre lui et vous aucun soupçon de ressemblance[2] ; et vous savez assez l'opinion de tout le monde, qui veut qu'il ne soit votre père que pour la forme[3].

Léandre. Tout beau[4], Scapin.

Scapin. Bon, bon, on fait bien scrupule de cela[5] : vous moquez-vous ? Mais j'aperçois venir le père d'Octave. Commençons par lui, puisqu'il se présente. Allez-vous-en tous deux. *(À Octave.)* Et vous, avertissez votre Sylvestre de venir vite jouer son rôle.

Scène 5 Argante, Scapin.

Scapin, *à part.* Le voila qui rumine.

Argante, se croyant seul. Avoir si peu de conduite et de considération[6] ! S'aller jeter dans un engagement comme celui-là ! Ah ! ah ! jeunesse impertinente[7] !

---

1. **Je le livre** : je le considère.
2. **Il ne tombe entre lui et vous aucun soupçon de ressemblance :** vous ne vous ressemblez en rien.
3. **Il ne soit votre père que pour la forme :** il n'est pas votre vrai père, vous ne portez que son nom.
4. **Tout beau :** Attention, ça suffit !
5. **On fait bien scrupule de cela : vous moquez-vous ? :** on prend trop au sérieux ces choses-là : vous ne parlez pas sérieusement (en réagissant à mes propos) ?
6. **Si peu de conduite et de considération :** si peu de moralité dans son comportement, et si peu de respect à mon égard.
7. **Impertinente :** qui agit sottement, sans réflexion.

5   **SCAPIN.** Monsieur, votre serviteur.

ARGANTE. Bonjour, Scapin.

SCAPIN. Vous rêvez à l'affaire de votre fils ?

ARGANTE. Je t'avoue que cela me donne un furieux chagrin[1].

SCAPIN. Monsieur, la vie est mêlée de traverses[2]. Il est bon de
10   s'y tenir sans cesse préparé ; et j'ai ouï dire, il y a longtemps, une
parole d'un ancien[3] que j'ai toujours retenue.

ARGANTE. Quoi ?

SCAPIN. Que, pour peu qu'un père de famille ait été absent de
chez lui, il doit promener son esprit[4] sur tous les fâcheux accidents
15   que son retour peut rencontrer : se figurer sa maison brûlée, son
argent dérobé, sa femme morte, son fils estropié, sa fille subornée[5] ;
et ce qu'il trouve qu'il ne lui est point arrivé, l'imputer à bonne fortune[6]. Pour moi, j'ai pratiqué toujours cette leçon dans ma petite
philosophie, et je ne suis jamais revenu au logis que je ne me sois
20   tenu prêt à la colère de mes maîtres, aux réprimandes, aux injures,
aux coups de pied au cul, aux bastonnades[7], aux étrivières[8], et ce
qui a manqué m'arriver, j'en ai rendu grâces[9] à mon bon destin.

ARGANTE. Voilà qui est bien ; mais ce mariage impertinent, qui
trouble celui que nous voulons faire, est une chose que je ne puis
25   souffrir, et je viens de consulter des avocats pour le faire casser.

SCAPIN. Ma foi, Monsieur, si vous m'en croyez, vous tâcherez par
quelque autre voie[10] d'accommoder l'affaire. Vous savez ce que

---

1. **Un furieux chagrin :** un chagrin mêlé d'une forte colère.
2. **De traverses :** de contrariétés, d'épreuves.
3. **Un ancien :** un auteur ancien, de l'Antiquité.
4. **Il doit promener son esprit :** faire aller et venir sa pensée, afin de tout bien considérer.
5. **Subornée :** séduite, et donc déshonorée puisqu'elle aura connu un homme avant le mariage.
6. **L'imputer à bonne fortune :** l'attribuer à la chance.
7. **Aux bastonnades :** aux coups de bâton.
8. **Aux étrivières :** aux coups donnés avec des étrivières (courroies en cuir qui attachent les étriers à la selle du cheval).
9. **J'en ai rendu grâces :** je l'ai attribué, en le remerciant.
10. **Par quelque autre voie :** par un autre moyen.

c'est que les procès en ce pays-ci, et vous allez vous enfoncer dans d'étranges épines[1].

30 **ARGANTE.** Tu as raison, je le vois bien. Mais quelle autre voie ?

SCAPIN. Je pense que j'en ai trouvé une. La compassion[2] que m'a donnée tantôt[3] votre chagrin m'a obligé à chercher dans ma tête quelque moyen pour vous tirer d'inquiétude : car je ne saurais voir d'honnêtes pères chagrinés par leurs enfants que cela ne 35 m'émeuve, et de tout temps je me suis senti pour votre personne une inclination[4] particulière.

ARGANTE. Je te suis obligé[5].

SCAPIN. J'ai donc été trouver le frère de cette fille qui a été épousée. C'est un de ces braves de profession[6], de ces gens qui sont 40 tous coups d'épée, qui ne parlent que d'échiner[7], et ne font non plus de conscience de tuer un homme que d'avaler un verre de vin. Je l'ai mis sur ce mariage, lui ai fait voir quelle facilité offrait la raison de la violence[8] pour le faire casser, vos prérogatives du nom de père[9], et l'appui que vous donneraient auprès de la justice 45 et votre droit, et votre argent, et vos amis. Enfin, je l'ai tant tourné de tous les côtés[10] qu'il a prêté l'oreille aux propositions que je lui ai faites d'ajuster l'affaire pour quelque somme, et il donnera son consentement à rompre le mariage, pourvu que vous lui donniez de l'argent.

---

1. **Vous allez vous enfoncer dans d'étranges épines :** vous allez au devant de grosses contrariétés, que vous n'avez encore jamais connues.
2. **La compassion :** la pitié.
3. **Tantôt :** tout à l'heure, il y a peu de temps.
4. **Une inclination :** une affection.
5. **Je te suis obligé :** je t'en suis reconnaissant.
6. **Un de ces braves de profession :** un de ces soldats professionnels, particulièrement hargneux.
7. **Échiner :** casser l'échine, c'est-à-dire tuer.
8. **Quelle facilité offrait la raison de la violence :** combien il était facile d'argumenter en invoquant la violence qui avait été faite à votre fils pour l'obliger à se marier.
9. **Vos prérogatives du nom de père :** les droits que vous avez en tant que père.
10. **Je l'ai tant tourné de tous les côtés :** je lui ai donné tant de raisons valables.

50 **ARGANTE.** Et qu'a-t-il demandé ?

SCAPIN. Oh ! d'abord, des choses par-dessus les maisons.

ARGANTE. Et quoi ?

SCAPIN. Des choses extravagantes.

ARGANTE. Mais encore ?

55 **SCAPIN.** Il ne parlait pas moins que de cinq ou six cents pistoles.

ARGANTE. Cinq ou six cents fièvres quartaines qui le puissent serrer[1] ! Se moque-t-il des gens ?

SCAPIN. C'est ce que je lui ai dit. J'ai rejeté bien loin de pareilles propositions, et je lui ai bien fait entendre que vous n'étiez point
60 une dupe[2] pour vous demander des cinq ou six cents pistoles. Enfin, après plusieurs discours, voici où s'est réduit le résultat de notre conférence. « Nous voilà au temps, m'a-t-il dit, que je dois partir pour l'armée. Je suis après à m'équiper[3], et le besoin que j'ai de quelque argent me fait consentir malgré moi à ce qu'on me pro-
65 pose. Il me faut un cheval de service[4] et je n'en saurais avoir un qui soit tant soit peu raisonnable[5], à moins de soixante pistoles. »

ARGANTE. Hé bien ! pour soixante pistoles je les donne.

SCAPIN. « Il faudra le harnais et les pistolets, et cela ira bien à vingt pistoles encore. »

70 **ARGANTE.** Vingt pistoles et soixante, ce serait quatre-vingts.

SCAPIN. Justement.

ARGANTE. C'est beaucoup ; mais soit, je consens à cela.

SCAPIN. « Il me faut aussi un cheval pour monter mon valet, qui coûtera bien trente pistoles. »

75 **ARGANTE.** Comment, diantre ! Qu'il se promène, il n'aura rien du tout !

---

1. **Fièvres quartaines qui le puissent serrer !** : qu'il soit étouffé par de fortes et régulières poussées de fièvre (et donc qu'il meure !) !
2. **Une dupe** : un homme naïf, à qui l'on peut tout faire croire.
3. **Je suis après à m'équiper** : je suis en train de préparer mon équipement militaire.
4. **Un cheval de service** : un cheval pour le service, c'est-à-dire pour faire la guerre.
5. **Un qui soit tant soit peu raisonnable** : un qui soit à peu près acceptable.

SCAPIN. Monsieur !

ARGANTE. Non : c'est un impertinent.

SCAPIN. Voulez-vous que son valet aille à pied ?

80 **ARGANTE.** Qu'il aille comme il lui plaira, et le maître aussi !

SCAPIN. Mon Dieu, Monsieur, ne vous arrêtez point à peu de chose. N'allez point plaider, je vous prie, et donnez tout pour vous sauver des mains de la justice.

ARGANTE. Hé bien ! soit, je me résous à donner encore ces trente
85 pistoles.

SCAPIN. « Il me faut encore, a-t-il dit, un mulet pour porter... »

ARGANTE. Oh ! qu'il aille au diable avec son mulet ! C'en est trop, et nous irons devant les juges.

SCAPIN. De grâce, Monsieur...

90 **ARGANTE.** Non, je n'en ferai rien.

SCAPIN. Monsieur, un petit mulet.

ARGANTE. Je ne lui donnerais seulement pas un âne.

SCAPIN. Considérez...

ARGANTE. Non, j'aime mieux plaider.

95 **SCAPIN.** Eh ! Monsieur, de quoi parlez-vous là, et à quoi vous résolvez-vous ? Jetez les yeux sur les détours[1] de la justice. Voyez combien d'appels[2] et de degrés[3] de juridiction, combien de procédures embarrassantes, combien d'animaux ravissants[4] par les griffes desquels il vous faudra passer : sergents, procureurs, avocats,
100 greffiers, substituts, rapporteurs, juges et leurs clercs[5]. Il n'y a pas un de tous ces gens-là qui, pour la moindre chose, ne soit capable

---

1. **Les détours :** les complications.
2. **Appels :** recours à une juridiction supérieure afin d'obtenir la révision d'un premier jugement.
3. **Degrés :** étapes à passer les unes après les autres.
4. **Animaux ravissants :** personnes grossières et incorrectes, qui vous prennent votre bien par ruse ou par surprise.
5. **Sergents, procureurs, avocats, greffiers, substituts, rapporteurs, juges et leurs clercs :** personnes qui exercent différents métiers de la justice.

de donner un soufflet[1] au meilleur droit du monde. Un sergent baillera[2] de faux exploits[3], sur quoi vous serez condamné sans que vous le sachiez. Votre procureur s'entendra avec votre partie[4] et
105 vous vendra à beaux deniers comptants[5]. Votre avocat, gagné de même[6], ne se trouvera point lorsqu'on plaidera votre cause, ou dira des raisons qui ne feront que battre la campagne[7] et n'iront point au fait. Le greffier délivrera par contumace[8] des sentences et arrêts[9] contre vous. Le clerc du rapporteur soustraira des pièces, ou
110 le rapporteur même ne dira pas ce qu'il a vu. Et quand, par les plus grandes précautions du monde, vous aurez paré tout cela, vous serez ébahi que vos juges auront été sollicités contre vous[10] ou par des gens dévots[11] ou par des femmes qu'ils aimeront. Eh ! Monsieur, si vous le pouvez, sauvez-vous de cet enfer-là ! C'est être damné
115 dès ce monde, que d'avoir à plaider, et la seule pensée d'un procès serait capable de me faire fuir jusqu'aux Indes.

ARGANTE. À combien est-ce qu'il fait monter le mulet ?

SCAPIN. Monsieur, pour le mulet, pour son cheval et celui de son homme, pour le harnais et les pistolets, et pour payer quelque petite
120 chose qu'il doit à son hôtesse, il demande en tout deux cents pistoles.

ARGANTE. Deux cents pistoles ?

SCAPIN. Oui.

ARGANTE, *se promenant en colère le long du théâtre.* Allons, allons, nous plaiderons.

---

1. **Donner un soufflet :** donner une gifle, c'est-à-dire faire un affront.
2. **Baillera :** donnera.
3. **Exploits :** actes juridiques rédigés et signifiés par l'huissier.
4. **Votre partie :** ceux contre qui vous plaidez.
5. **À beaux deniers comptants :** contre de l'argent liquide. Le denier est une pièce de monnaie.
6. **Gagné de même :** séduit, acheté de la même façon.
7. **Battre la campagne :** divaguer, déraisonner.
8. **Par contumace :** en l'absence de l'intéressé (c'est-à-dire Argante lui-même).
9. **Délivrera [...] des sentences et arrêts :** fournira des décisions et arrêtés du juge.
10. **Sollicités contre vous :** engagés à parler contre vous.
11. **Gens dévots :** personnes qui sont très respectueuses des principes de la religion, et de la morale en général.

125   **SCAPIN.** Faites réflexion...

ARGANTE. Je plaiderai...

SCAPIN. Ne vous allez point jeter...

ARGANTE. Je veux plaider.

SCAPIN. Mais, pour plaider, il vous faudra de l'argent. Il vous en
130 faudra pour l'exploit. Il vous en faudra pour le contrôle. Il vous en
faudra pour la procuration, pour la présentation, conseils, productions et journées du procureur. Il vous en faudra pour les consultations et plaidoiries des avocats[1], pour le droit de retirer le sac[2] et
pour les grosses d'écritures[3]. Il vous en faudra pour le rapport des
135 substituts, pour les épices de conclusion[4], pour l'enregistrement du
greffier, façon d'appointement, sentences et arrêts, contrôles, signatures et expéditions de leurs clercs[5], sans parler de tous les pré-
sents qu'il vous faudra faire. Donnez cet argent-là à cet homme-ci,
vous voilà hors d'affaire.

140 **ARGANTE.** Comment ! deux cents pistoles !

SCAPIN. Oui, vous y gagnerez. J'ai fait un petit calcul en moi-
même de tous les frais de la justice, et j'ai trouvé qu'en donnant
deux cents pistoles à votre homme vous en aurez de reste pour le
moins cinquante[6], sans compter les soins[7], les pas et les chagrins
145 que vous vous épargnerez. Quand il n'y aurait à essuyer que les

---

1. **Contrôle [...] procuration [...] présentation [...] conseils [...] productions [...] journées du procureur [...] consultations [...] plaidoiries des avocats** : il s'agit des différentes étapes d'un procès.
2. **Retirer le sac** : acheter toutes les pièces du dossier à la fin du procès (ces pièces se trouvaient dans des sacs).
3. **Les grosses d'écritures** : les copies des différents actes du procès (écrites en gros caractères).
4. **Les épices de conclusion** : les taxes que l'on devait payer à la fin du procès.
5. **Rapport des substituts [...] conclusion [...] enregistrement du greffier [...] façon d'appointement [...] sentences et arrêts [...] contrôles [...] signatures et expéditions de leurs clercs** : il s'agit des différentes pièces écrites, que l'on doit regrouper et signer à la fin du procès.
6. **Vous en aurez de reste pour le moins cinquante** : il vous en restera au moins cinquante.
7. **Les soins** : les soucis.

sottises que disent devant tout le monde de méchants plaisants d'avocats, j'aimerais mieux encore donner trois cents pistoles que de plaider.

ARGANTE. Je me moque de cela, et je défie les avocats de rien dire
150 de moi.

SCAPIN. Vous ferez ce qu'il vous plaira, mais, si j'étais que de vous, je fuirais les procès.

ARGANTE. Je ne donnerai point deux cents pistoles.

SCAPIN. Voici l'homme dont il s'agit.

Scène 6 SYLVESTRE, ARGANTE, SCAPIN.

SYLVESTRE, *déguisé en spadassin*[1]. Scapin, fais-moi connaître un peu cet Argante qui est père d'Octave.

SCAPIN. Pourquoi, Monsieur ?

SYLVESTRE. Je viens d'apprendre qu'il veut me mettre en procès,
5 et faire rompre par justice le mariage de ma sœur.

SCAPIN. Je ne sais pas s'il a cette pensée ; mais il ne veut point consentir aux deux cents pistoles que vous voulez, et il dit que c'est trop.

SYLVESTRE. Par la mort ! par la tête ! par le ventre ! si je le trouve,
10 je le veux échiner, dussé-je être roué[2] tout vif[3]. *(Argante, pour n'être point vu, se tient en tremblant couvert de Scapin[4].)*

---

1. **Spadassin :** homme d'armes prêt à tout, sans scrupule.
2. **Dussé-je être roué :** même si je dois être condamné au supplice de la roue.
3. **Tout vif :** encore vivant.
4. **Couvert de Scapin :** caché par Scapin, qui ainsi le protège.

SCAPIN. Monsieur, ce père d'Octave a du cœur, et peut-être ne vous craindra-t-il point.

SYLVESTRE. Lui ? lui ? Par le sang ! par la tête ! s'il était là, je lui
15 donnerais tout à l'heure de l'épée dans le ventre. *(Apercevant Argante.)* Qui est cet homme-là ?

SCAPIN. Ce n'est pas lui, Monsieur, ce n'est pas lui.

SYLVESTRE. N'est-ce point quelqu'un de ses amis ?

SCAPIN. Non, Monsieur, au contraire, c'est son ennemi capital.

20 **SYLVESTRE.** Son ennemi capital ?

SCAPIN. Oui.

SYLVESTRE. Ah ! parbleu ! j'en suis ravi. *(À Argante.)* Vous êtes ennemi, Monsieur, de ce faquin[1] d'Argante, eh ?

SCAPIN. Oui, oui, je vous en réponds.

25 **SYLVESTRE**, *secouant la main d'Argante.* Touchez là. Touchez. Je vous donne ma parole, et vous jure sur mon honneur, par l'épée que je porte, par tous les serments que je saurais faire, qu'avant la fin du jour je vous déferai de ce maraud fieffé[2], de ce faquin d'Argante. Reposez-vous sur moi.

30 **SCAPIN.** Monsieur, les violences en ce pays-ci ne sont guère souffertes.

SYLVESTRE. Je me moque de tout et je n'ai rien à perdre.

SCAPIN. Il se tiendra sur ses gardes assurément ; et il a des parents, des amis et des domestiques dont il se fera un secours contre votre
35 ressentiment[3].

SYLVESTRE. C'est ce que je demande, morbleu ! c'est ce que je demande. *(Il met l'épée à la main, et pousse[4] de tous les côtés, comme s'il y avait plusieurs personnes devant lui.)* Ah ! tête ! ah ! ventre ! que ne le trouvé-je à cette heure avec tout son secours ! Que ne

---

1. **Ce faquin** : ce bon à rien (injure méprisante).
2. **Ce maraud fieffé** : ce parfait vaurien.
3. **Dont il se fera un secours contre votre ressentiment** : qui viendront le défendre et le protéger.
4. **Pousse** : brandit son épée.

40 paraît-il à mes yeux au milieu de trente personnes ! Que ne les
    vois-je fondre sur moi les armes à la main ! Comment, marauds !
    vous avez la hardiesse de vous attaquer à moi ! Allons, morbleu,
    tue ! Point de quartier. *(Poussant de tous les côtés, comme s'il avait
    plusieurs personnes à combattre.)* Donnons[1]. Ferme. Poussons. Bon
45 pied, bon œil[2]. Ah ! coquins ! ah ! canaille ! vous en voulez par là,
    je vous en ferai tâter votre soûl. Soutenez[3], marauds, soutenez.
    Allons. À cette botte[4]. À cette autre. À celle-ci. À celle-là. *(Se tour-
    nant du côté d'Argante et de Scapin.)* Comment ! vous reculez ? Pied
    ferme, morbleu[5] ! pied ferme !

50 **SCAPIN.** Eh ! eh ! eh ! Monsieur, nous n'en sommes pas[6]. *(Il
    s'éloigne.)*

    SYLVESTRE. Voilà qui vous apprendra à vous oser jouer à moi[7].

    SCAPIN. Hé bien ! vous voyez combien de personnes tuées pour
    deux cents pistoles. Oh sus ! je vous souhaite une bonne fortune.

55 **ARGANTE,** *tout tremblant.* Scapin !

    SCAPIN. Plaît-il ?

    ARGANTE. Je me résous à donner les deux cents pistoles.

    SCAPIN. J'en suis ravi pour l'amour de vous.

    ARGANTE. Allons le trouver, je les ai sur moi.

60 **SCAPIN.** Vous n'avez qu'à me les donner. Il ne faut pas, pour votre
    honneur, que vous paraissiez là, après avoir passé ici pour autre
    que ce que vous êtes ; et, de plus, je craindrais qu'en vous faisant
    connaître, il n'allât s'aviser de vous en demander davantage.

    ARGANTE. Oui ; mais j'aurais été bien aise de voir comme je
65 donne mon argent.

---

1. **Donnons :** donnons l'assaut, engageons le combat.
2. **Bon pied, bon œil :** de l'entrain, de l'énergie ! (terme d'encouragement).
3. **Soutenez :** soutenez l'assaut, battez-vous !
4. **Botte :** coup porté à l'adversaire avec l'épée (terme d'escrime).
5. **Morbleu :** juron très courant au XVIIᵉ siècle. C'est l'atténuation de « Par la mort de
   Dieu ! », expression qui insulte Dieu.
6. **Nous n'en sommes pas :** nous ne faisons pas partie de vos ennemis.
7. **À vous oser jouer à moi :** à oser vous mesurer à moi.

SCAPIN. Est-ce que vous vous défiez de moi ?

ARGANTE. Non pas, mais...

SCAPIN. Parbleu, Monsieur, je suis un fourbe ou je suis un honnête homme ; c'est l'un des deux. Est-ce que je voudrais vous
70   tromper, et que dans tout ceci j'ai d'autre intérêt que le vôtre et
celui de mon maître, à qui vous voulez vous allier ? Si je vous suis
suspect, je ne me mêle plus de rien, et vous n'avez qu'à chercher
dès cette heure qui accommodera vos affaires.

ARGANTE. Tiens, donc.

75   **SCAPIN.** Non, Monsieur, ne me confiez point votre argent. Je serai
bien aise que vous vous serviez de quelque autre[1].

ARGANTE. Mon Dieu, tiens.

SCAPIN. Non, vous dis-je, ne vous fiez point à moi. Que sait-on si
je ne veux point attraper votre argent ?

80   **ARGANTE.** Tiens, te dis-je, ne me fais point contester[2] davantage.
Mais songe à bien prendre tes sûretés[3] avec lui.

SCAPIN. Laissez-moi faire, il n'a pas affaire à un sot.

ARGANTE. Je vais t'attendre chez moi.

SCAPIN. Je ne manquerai pas d'y aller. *(Seul.)* Et un. Je n'ai qu'à
85   chercher l'autre. Ah ! ma foi, le voici. Il semble que le Ciel, l'un
après l'autre, les amène dans mes filets.

---

1. **De quelque autre :** de quelqu'un d'autre que moi.
2. **Contester :** discuter.
3. **Tes sûretés :** tes garanties.

Clefs d'analyse Acte II, scènes 4, 5 et 6

Action et personnages

1. Quel événement vient brutalement renverser la situation au début de la scène 4 ?

2. Pourquoi Scapin se décide-t-il finalement à aider Léandre dans la scène 4 ?

3. Qu'est-ce que Scapin cherche à obtenir d'Argante dans la scène 5 ?

4. Argante n'est pas facile à convaincre. Quelle argumentation Scapin développe-t-il dans la scène 5 ?

5. Finalement, qu'est-ce qui va faire céder Argante ?

6. À quel moment Scapin a-t-il fait répéter son rôle de spadassin à Sylvestre ?

Langue

7. Observez les déterminants dans les expressions : « vos Égyptiens » (scène 4, l. 4), « mon pauvre Scapin » (scène 4, l. 10), « votre Sylvestre » (scène 4, l. 65). Quel effet produisent-ils ?

8. Relevez tous les termes appartenant au champ lexical de la supplication dans l'ensemble de la scène 4.

9. Dans la scène 5, Scapin utilise un vocabulaire particulier, difficilement compréhensible pour quelqu'un qui ne sait rien de la justice. Quel est son objectif ? Relevez tous les termes qui appartiennent à ce jargon.

10. Relevez et classez les différents procédés stylistiques utilisés par Sylvestre pour impressionner ses auditeurs dans la scène 6.

Genre ou thèmes

11. Donnez un nom à cette quatrième fourberie de Scapin. Qui en est le bénéficiaire ? Qui en est la victime ?

12. L'attitude de Sylvestre jusqu'à présent pouvait-elle laisser imaginer qu'il tiendrait ainsi son rôle de spadassin ?

13. Quelle image Scapin donne-t-il de la justice ?

14. Relevez et classez tous les moments comiques de ces trois scènes.

Clefs d'analyse

Écriture

15. Reprenez le portrait que Scapin fait de Géronte dans la scène 4 (l. 54 à 60) et développez-le en ajoutant des exemples pour chaque trait de caractère.

16. Rédigez un dialogue de théâtre entre une adolescente et sa petite sœur. L'adolescente cherche à obtenir de sa petite sœur qu'elle lui prête de l'argent, mais cette dernière est difficile à convaincre.

17. Rédigez une histoire complète sur un sujet de votre choix, qui contiendra au moins deux coups de théâtre.

18. Faites une liste intitulée « Le jargon de l'informatique ». Rédigez ensuite un dialogue humoristique entre trois personnages, en utilisant ce vocabulaire.

Pour aller plus loin

19. Faites une recherche sur les métiers de la justice actuelle.

20. Faites une recherche sur la vie quotidienne des « gens d'armes » au XVIIe siècle.

21. En vous appuyant sur des documents illustrés de l'époque, décrivez le costume de spadassin que Sylvestre aurait pu porter. Utilisez des termes précis.

✳ À retenir

On désigne par « coup de théâtre » un événement surprenant qui vient modifier le cours de l'action. Même s'il est inattendu, il n'est pas pour autant extraordinaire. Il permet de relancer l'intérêt des spectateurs.
L'expression *deus ex machina*, du latin, « dieu venu du ciel au moyen d'une machine », désigne un coup de théâtre spectaculaire et complètement invraisemblable.

Scène 7 Géronte, Scapin.

SCAPIN, *feignant de ne pas voir Géronte.* Ô Ciel ! ô disgrâce imprévue ! ô misérable père ! Pauvre Géronte, que feras-tu ?

GÉRONTE, *à part.* Que dit-il là de moi, avec ce visage affligé ?

SCAPIN, *même jeu.* N'y a-t-il personne qui puisse me dire où est le
5 seigneur Géronte ?

GÉRONTE. Qu'y a-t-il, Scapin ?

SCAPIN, *courant sur le théâtre, sans vouloir entendre ni voir Géronte.* Où pourrai-je le rencontrer pour lui dire cette infortune[1] ?

GÉRONTE, *courant après Scapin.* Qu'est-ce que c'est donc ?

10 **SCAPIN,** *même jeu.* En vain je cours de tous côtés pour le pouvoir trouver.

GÉRONTE. Me voici.

SCAPIN, *même jeu.* Il faut qu'il soit caché en quelque endroit qu'on ne puisse point deviner.

15 **GÉRONTE,** *arrêtant Scapin.* Holà ! es-tu aveugle, que tu ne me vois pas ?

SCAPIN. Ah ! Monsieur, il n'y a pas moyen de vous rencontrer.

GÉRONTE. Il y a une heure que je suis devant toi. Qu'est-ce que c'est donc qu'il y a ?

20 **SCAPIN.** Monsieur...

GÉRONTE. Quoi ?

SCAPIN. Monsieur votre fils...

GÉRONTE. Hé bien ! mon fils...

SCAPIN. Est tombé dans une disgrâce la plus étrange du monde.

25 **GÉRONTE.** Et quelle[2] ?

---

1. **Cette infortune :** ce malheur.
2. **Et quelle ? :** et laquelle ?

SCAPIN. Je l'ai trouvé tantôt, tout triste de je ne sais quoi que vous lui avez dit, où vous m'avez mêlé assez mal à propos, et, cherchant à divertir cette tristesse, nous nous sommes allés promener sur le port. Là, entre autres plusieurs choses, nous avons arrêté nos
30 yeux sur une galère turque assez bien équipée. Un jeune Turc de bonne mine nous a invités d'y entrer et nous a présenté la main[1]. Nous y avons passé, il nous a fait mille civilités[2], nous a donné la collation[3], où nous avons mangé des fruits les plus excellents qui se puissent voir, et bu du vin que nous avons trouvé le meilleur
35 du monde.

GÉRONTE. Qu'y a-t-il de si affligeant à tout cela ?

SCAPIN. Attendez, Monsieur, nous y voici. Pendant que nous mangions, il a fait mettre la galère en mer, et, se voyant éloigné du port, il m'a fait mettre dans un esquif[4], et m'envoie vous dire que,
40 si vous ne lui envoyez par moi tout à l'heure[5] cinq cents écus, il va nous emmener votre fils en Alger.

GÉRONTE. Comment ! diantre, cinq cents écus !

SCAPIN. Oui, Monsieur ; et, de plus, il ne m'a donné pour cela que deux heures.

45 **GÉRONTE.** Ah ! le pendard de Turc ! m'assassiner de la façon !

SCAPIN. C'est à vous, Monsieur, d'aviser promptement aux moyens de sauver des fers[6] un fils que vous aimez avec tant de tendresse.

GÉRONTE. Que diable allait-il faire dans cette galère ?

SCAPIN. Il ne songeait pas à ce qui est arrivé.

50 **GÉRONTE.** Va-t'en, Scapin, va-t'en dire à ce Turc que je vais envoyer la justice après lui.

SCAPIN. La justice en pleine mer ! Vous moquez-vous des gens ?

GÉRONTE. Que diable allait-il faire dans cette galère ?

---

1. **Nous a présenté la main :** nous a tendu la main.
2. **Mille civilités :** mille démonstrations de sympathie.
3. **La collation :** un repas léger.
4. **Un esquif :** une petite embarcation légère.
5. **Tout à l'heure :** tout de suite, immédiatement.
6. **Sauver des fers :** sauver de la captivité, de l'esclavage.

SCAPIN. Une méchante destinée conduit quelquefois les personnes.

55 **GÉRONTE.** Il faut, Scapin, il faut que tu fasses ici l'action d'un serviteur fidèle.

SCAPIN. Quoi, Monsieur ?

GÉRONTE. Que tu ailles dire à ce Turc qu'il me renvoie mon fils,
et que tu te mettes à sa place jusqu'à ce que j'aie amassé la somme
60 qu'il demande.

SCAPIN. Eh ! Monsieur, songez-vous à ce que vous dites ? et vous
figurez-vous que ce Turc ait si peu de sens que d'aller recevoir un
misérable comme moi à la place de votre fils ?

GÉRONTE. Que diable allait-il faire dans cette galère ?

65 **SCAPIN.** Il ne devinait pas ce malheur. Songez, Monsieur, qu'il ne
m'a donné que deux heures.

GÉRONTE. Tu dis qu'il demande...

SCAPIN. Cinq cents écus.

GÉRONTE. Cinq cents écus ! N'a-t-il point de conscience ?

70 **SCAPIN.** Vraiment oui, de la conscience à un Turc !

GÉRONTE. Sait-il bien ce que c'est que cinq cents écus ?

SCAPIN. Oui, Monsieur, il sait que c'est mille cinq cents livres.

GÉRONTE. Croit-il, le traître, que mille cinq cents livres se trouvent
dans le pas d'un cheval[1] ?

75 **SCAPIN.** Ce sont des gens qui n'entendent point de raison[2].

GÉRONTE. Mais que diable allait-il faire à cette galère ?

SCAPIN. Il est vrai ; mais quoi ! on ne prévoyait pas les choses. De
grâce, Monsieur, dépêchez.

GÉRONTE. Tiens, voilà la clef de mon armoire.

80 **SCAPIN.** Bon.

GÉRONTE. Tu l'ouvriras.

SCAPIN. Fort bien.

---

1. **Dans le pas d'un cheval :** derrière un cheval, dans son sillage.
2. **N'entendent point de raison :** ne comprennent rien de ce qu'on leur explique.

GÉRONTE. Tu trouveras une grosse clef du côté gauche, qui est celle de mon grenier.

85 **SCAPIN.** Oui.

GÉRONTE. Tu iras prendre toutes les hardes[1] qui sont dans cette grande manne[2], et tu les vendras aux fripiers[3] pour aller racheter mon fils.

SCAPIN, *en lui rendant la clef.* Eh ! Monsieur, rêvez-vous ? Je
90 n'aurais pas cent francs de tout ce que vous dites ; et, de plus, vous savez le peu de temps qu'on m'a donné.

GÉRONTE. Mais que diable allait-il faire dans cette galère ?

SCAPIN. Oh ! que de paroles perdues ! Laissez là cette galère, et songez que le temps presse, et que vous courez risque de perdre
95 votre fils. Hélas ! mon pauvre maître, peut-être que je ne te verrai de ma vie, et qu'à l'heure que je te parle, on t'emmène esclave en Alger ! Mais le Ciel me sera témoin que j'ai fait pour toi tout ce que j'ai pu, et que si tu manques à être racheté[4], il n'en faut accuser que le peu d'amitié[5] d'un père.

100 **GÉRONTE.** Attends, Scapin, je m'en vais quérir cette somme.

SCAPIN. Dépêchez-vous donc vite, Monsieur, je tremble que l'heure ne sonne.

GÉRONTE. N'est-ce pas quatre cents écus que tu dis ?

SCAPIN. Non, cinq cents écus.

105 **GÉRONTE.** Cinq cents écus ?

SCAPIN. Oui.

GÉRONTE. Que diable allait-il faire à cette galère ?

SCAPIN. Vous avez raison. Mais hâtez-vous.

GÉRONTE. N'y avait-il point d'autre promenade ?

110 **SCAPIN.** Cela est vrai. Mais faites promptement.

---

1. **Les hardes :** les vieux vêtements usagés.
2. **Cette manne :** cette malle en osier.
3. **Aux fripiers :** aux vendeurs de linge d'occasion.
4. **Si tu manques à être racheté :** si on ne te rachète pas.
5. **Le peu d'amitié :** le peu d'affection.

GÉRONTE. Ah ! maudite galère !

SCAPIN, *à part.* Cette galère lui tient au cœur.

GÉRONTE. Tiens, Scapin, je ne me souvenais pas que je viens justement de recevoir cette somme en or, et je ne croyais pas qu'elle
115 dût m'être sitôt ravie[1]. *(Il lui présente sa bourse, qu'il ne laisse pourtant pas aller[2], et, dans ses transports, il fait aller son bras, de côté et
d'autre, et Scapin le sien pour avoir la bourse.)* Tiens ! Va-t'en racheter mon fils.

SCAPIN, *tendant la main.* Oui, Monsieur.

120 **GÉRONTE,** *retenant la bourse qu'il fait semblant de vouloir donner
à Scapin.* Mais dis à ce Turc que c'est un scélérat.

SCAPIN, *tendant toujours la main.* Oui.

GÉRONTE, *même jeu.* Un infâme.

SCAPIN. Oui.

125 **GÉRONTE,** *même jeu.* Un homme sans foi, un voleur.

SCAPIN. Laissez-moi faire.

GÉRONTE, *même jeu.* Qu'il me tire cinq cents écus contre toute
sorte de droit.

SCAPIN. Oui.

130 **GÉRONTE,** *même jeu.* Que je ne les lui donne ni à la mort ni à la
vie[3].

SCAPIN. Fort bien.

GÉRONTE. Et que, si jamais je l'attrape, je saurai me venger de lui.

SCAPIN. Oui.

135 **GÉRONTE,** *remettant sa bourse dans sa poche et s'en allant.* Va, va
vite requérir[4] mon fils.

SCAPIN, *allant après lui.* Holà ! Monsieur.

GÉRONTE. Quoi ?

---

1. **Qu'elle dût m'être sitôt ravie :** qu'elle devait m'être enlevée aussitôt.
2. **Il ne laisse pourtant pas aller :** il ne lui donne pas.
3. **Ni à la mort ni à la vie :** ni mort ni vivant.
4. **Requérir :** réclamer.

SCAPIN. Où est donc cet argent ?

140 **GÉRONTE.** Ne te l'ai-je pas donné ?

SCAPIN. Non, vraiment, vous l'avez remis dans votre poche.

GÉRONTE. Ah ! c'est la douleur qui me trouble l'esprit.

SCAPIN. Je le vois bien.

GÉRONTE. Que diable allait-il faire dans cette galère ? Ah ! mau-
145 dite galère ! Traître de Turc à tous les diables !

SCAPIN, *seul.* Il ne peut digérer les cinq cents écus que je lui arrache ;
mais il n'est pas quitte envers moi, et je veux qu'il me paie en une
autre monnaie l'imposture[1] qu'il m'a faite auprès de son fils.

Costume de Géronte.
Gouache de Robert Hirsch, 1927.

---

1. **L'imposture :** la tromperie.

Scène 8 Octave, Léandre, Scapin.

Octave. Hé bien ! Scapin, as-tu réussi pour moi dans ton entreprise ?

Léandre. As-tu fait quelque chose pour tirer mon amour de la peine où il est ?

5 **Scapin,** *à Octave.* Voilà deux cents pistoles que j'ai tirées de votre père.

Octave. Ah ! que tu me donnes de joie !

Scapin, *à Léandre.* Pour vous je n'ai pu faire rien.

Léandre, *veut s'en aller.* Il faut donc que j'aille mourir ; et je n'ai
10 que faire de vivre, si Zerbinette m'est ôtée.

Scapin. Holà ! holà ! tout doucement. Comme diantre vous allez vite !

Léandre, *se retourne.* Que veux-tu que je devienne ?

Scapin. Allez, j'ai votre affaire ici.

15 **Léandre,** *revient.* Ah ! tu me redonnes la vie.

Scapin. Mais à condition que vous me permettrez, à moi, une petite vengeance contre votre père pour le tour qu'il m'a fait.

Léandre. Tout ce que tu voudras.

Scapin. Vous me le promettez devant témoin ?

20 **Léandre.** Oui.

Scapin. Tenez, voila cinq cents écus.

Léandre. Allons-en promptement acheter celle que j'adore.

Clefs d'analyse   **Acte II,** scènes 7 et 8

Action et personnages

1. Quelle est la réaction immédiate de Géronte à l'annonce de l'enlèvement de son fils dans la scène 7 ?

2. Comment la douleur et l'indécision de Géronte se manifestent-elles dans la scène 7 ?

3. Faites la liste de tous les moyens trouvés par Géronte dans la scène 7 pour ne pas donner l'argent.

4. Pourquoi Scapin fait-il attendre Léandre et ne lui donne-t-il pas immédiatement les 500 écus dans la scène 8 ?

5. À la fin de l'acte II, que reste-t-il encore à faire à Scapin pour terminer sa mission ?

6. Quelle nouvelle mission Scapin s'est-il fixée dans la scène 8 ?

Langue

7. Relevez toutes les phrases interrogatives de la scène 7 et classez-les en deux parties : celles qui attendent une réponse et celles qui n'attendent pas de réponse. Quelle est l'utilité de ces dernières ?

8. Combien de fois la réplique « Mais que diable allait-il faire dans cette galère ? » est-elle prononcée dans la scène 7 ? Quel est l'effet produit par cette répétition ?

9. Faites une recherche sur le mot « galère » et ses dérivés, et sur leur emploi dans différentes expressions.

Genre ou thèmes

10. Par quels moyens Scapin attise-t-il la curiosité de Géronte en même temps que celle du public au début de la scène 7 ?

11. Pourquoi Molière a-t-il donné des indications scéniques aussi précises dans la scène 7 ?

12. Quelles sont les différentes formes du comique que l'on retrouve dans ces deux scènes ?

13. Donnez un nom à cette cinquième fourberie. Qui en est le bénéficiaire et qui en est la victime ?

Écriture

14. Imaginez une autre histoire que Scapin aurait pu inventer pour soutirer les 500 écus à Géronte.

15. Finalement, Scapin part vendre les hardes de Géronte au fripier. Renseignez-vous sur les éléments du costume bourgeois masculin au XVIIe siècle, puis rédigez un dialogue de théâtre entre le fripier et Scapin, qui tente d'obtenir le meilleur prix.

16. Comme Scapin au début de la scène 7, adressez-vous à une personne présente que vous faites semblant de ne pas voir. Vous laissez entendre que ce que vous avez à lui annoncer doit lui procurer une grande joie.

17. Rédigez vingt questions directes sur le thème du théâtre (dix interrogations totales, dix interrogations partielles). Réécrivez ensuite ces questions au style indirect.

Pour aller plus loin

18. Faites une recherche sur les galères barbaresques au XVIIe siècle et sur la piraterie en Méditerranée. Dites en quoi l'histoire inventée par Scapin est vraisemblable et en quoi elle est incohérente.

Clefs d'analyse

✻ À retenir

Une question peut être posée directement : « Où vas-tu ? », ou indirectement : « Je te demande où tu vas ». L'interrogation peut être totale (réponse par « oui », « si » ou « non ») ou partielle. Le plus souvent, l'interrogation sert à obtenir un renseignement. Elle peut aussi exprimer un avertissement, un doute, servir d'interpellation, avoir valeur de politesse… C'est alors une fausse question.

ACTE III

Scène 1 ZERBINETTE, HYACINTE, SCAPIN, SYLVESTRE.

SYLVESTRE. Oui, vos amants[1] ont arrêté entre eux[2] que vous fussiez ensemble, et nous nous acquittons de l'ordre qu'ils nous ont donné.

HYACINTE, *à Zerbinette.* Un tel ordre n'a rien qui ne me soit fort agréable. Je reçois avec joie une compagne de la sorte, et il ne tiendra pas à moi que l'amitié qui est entre les personnes que nous aimons ne se répande entre nous deux.

ZERBINETTE. J'accepte la proposition, et ne suis point personne à reculer lorsqu'on m'attaque d'amitié[3].

SCAPIN. Et lorsque c'est d'amour qu'on vous attaque ?

ZERBINETTE. Pour l'amour, c'est une autre chose : on y court un peu plus de risque, et je n'y suis pas si hardie.

SCAPIN. Vous l'êtes, que je crois, contre mon maître maintenant ; et ce qu'il vient de faire pour vous doit vous donner du cœur pour répondre comme il faut à sa passion.

ZERBINETTE. Je ne m'y fie encore que de la bonne sorte[4], et ce n'est pas assez pour m'assurer[5] entièrement, que ce qu'il vient de faire. J'ai l'humeur enjouée, et sans cesse je ris ; mais, tout en riant, je suis sérieuse sur de certains chapitres ; et ton maître s'abusera[6] s'il croit qu'il lui suffise de m'avoir achetée pour me voir toute

---

1. **Vos amants :** ceux qui vous aiment.
2. **Ont arrêté entre eux :** ont convenu ensemble.
3. **On m'attaque d'amitié :** on m'offre son amitié.
4. **Je ne m'y fie encore que de la bonne sorte :** je ne lui accorde ma confiance et mon amour que de façon honnête et vertueuse.
5. **M'assurer :** donner une parfaite confiance.
6. **S'abusera :** se trompera.

à lui. Il doit lui en coûter autre chose que de l'argent ; et, pour répondre à son amour de la manière qu'il souhaite, il me faut un don de sa foi[1] qui soit assaisonné[2] de certaines cérémonies qu'on trouve nécessaires.

25 **SCAPIN.** C'est là aussi comme il l'entend. Il ne prétend à vous qu'en tout bien et en tout honneur ; et je n'aurais pas été homme à me mêler de cette affaire, s'il avait une autre pensée.

ZERBINETTE. C'est ce que je veux croire, puisque vous me le dites ; mais du côté du père, j'y prévois des empêchements.

30 **SCAPIN.** Nous trouverons moyen d'accommoder[3] les choses.

HYACINTE, *à Zerbinette.* La ressemblance de nos destins doit contribuer encore à faire naître notre amitié ; et nous nous voyons toutes deux dans les mêmes alarmes, toutes deux exposées à la même infortune.

35 **ZERBINETTE.** Vous avez cet avantage, au moins, que vous savez de qui vous êtes née, et que l'appui de vos parents, que vous pouvez faire connaître, est capable d'ajuster tout, pour assurer votre bonheur et faire donner un consentement au mariage qu'on trouve fait. Mais, pour moi, je ne rencontre aucun secours dans ce 40 que je puis être, et l'on me voit dans un état qui n'adoucira pas les volontés d'un père qui ne regarde que le bien[4].

HYACINTE. Mais aussi avez-vous cet avantage que l'on ne tente point par un autre parti[5] celui que vous aimez.

ZERBINETTE. Le changement du cœur d'un amant n'est pas ce 45 qu'on peut le plus craindre. On se peut naturellement croire assez de mérite pour garder sa conquête ; et ce que je vois de plus redoutable dans ces sortes d'affaires, c'est la puissance paternelle, auprès de qui[6] tout le mérite ne sert de rien.

---

1. **Sa foi :** son engagement.
2. **Assaisonné :** agrémenté, accompagné.
3. **Accommoder :** arranger comme il convient.
4. **Le bien :** la fortune, les biens matériels.
5. **Un autre parti :** une autre fille à marier.
6. **Auprès de qui :** à côté de laquelle.

HYACINTE. Hélas ! pourquoi faut-il que de justes inclinations[1] se
trouvent traversées[2] ? La douce chose que d'aimer, lorsque l'on ne
voit point d'obstacles à ces aimables chaînes dont deux cœurs se
lient ensemble !

SCAPIN. Vous vous moquez. La tranquillité en amour est un calme
désagréable. Un bonheur tout uni nous devient ennuyeux ; il faut
du haut et du bas dans la vie, et les difficultés qui se mêlent aux
choses réveillent les ardeurs, augmentent les plaisirs.

ZERBINETTE. Mon Dieu, Scapin, fais-nous un peu ce récit, qu'on
m'a dit qui est si plaisant, du stratagème dont tu t'es avisé[3] pour
tirer de l'argent de ton vieillard avare. Tu sais qu'on ne perd point
sa peine lorsqu'on me fait un conte, et que je le paie assez bien par
la joie qu'on m'y voit prendre.

SCAPIN. Voilà Sylvestre qui s'en acquittera aussi bien que moi. J'ai
dans la tête certaine petite vengeance dont je vais goûter le plaisir.

SYLVESTRE. Pourquoi, de gaieté de cœur, veux-tu chercher à t'attirer de méchantes affaires ?

SCAPIN. Je me plais à tenter des entreprises hasardeuses[4].

SYLVESTRE. Je te l'ai déjà dit, tu quitterais le dessein[5] que tu as, si
tu m'en voulais croire.

SCAPIN. Oui ; mais c'est moi que j'en croirai.

SYLVESTRE. À quoi diable te vas-tu amuser ?

SCAPIN. De quoi diable te mets-tu en peine ?

SYLVESTRE. C'est que je vois que sans nécessité tu vas courir risque
de t'attirer une venue de coups de bâton[6].

SCAPIN. Hé bien ! c'est au dépens de mon dos, et non pas du tien.

SYLVESTRE. Il est vrai que tu es maître de tes épaules, et tu en dis-
poseras comme il te plaira.

---

1. **Justes inclinations** : sincères sentiments amoureux.
2. **Traversées** : empêchées.
3. **Dont tu t'es avisé** : que tu as imaginé.
4. **Des entreprises hasardeuses** : des aventures risquées.
5. **Le dessein** : le projet.
6. **Une venue de coups de bâton** : une volée de coups de bâton, qui va arriver.

SCAPIN. Ces sortes de périls ne m'ont jamais arrêté, et je hais ces cœurs pusillanimes[1] qui, pour trop prévoir[2] les suites des choses, n'osent rien entreprendre.

80 **ZERBINETTE,** *à Scapin.* Nous aurons besoin de tes soins.

SCAPIN. Allez, je vous irai bientôt rejoindre. Il ne sera pas dit qu'impunément[3] on m'ait mis en état de me trahir moi-même et de découvrir les secrets qu'il était bon qu'on ne sût pas.

Jean-Louis Barrault dans le rôle de Scapin.
Théâtre Marigny, 1949.

1. **Pusillanimes :** craintifs, faibles.
2. **Pour trop prévoir :** à force de trop envisager ce qui peut arriver.
3. **Impunément :** sans être puni.

Clefs d'analyse

Action et personnages

1. Combien de temps s'est déroulé et que s'est-il passé entre les actes II et III ?

2. Où et pourquoi Hyacinte et Zerbinette se retrouvent-elles ensemble ?

3. Quelles difficultés Zerbinette envisage-t-elle dans la suite de sa relation avec Léandre ?

4. Quelle est la conception de l'amour de Hyacinte, de Zerbinette et de Scapin ?

5. Relevez la réplique de Scapin dans laquelle il affirme qu'il va continuer à s'occuper des affaires des jeunes gens.

6. Scapin a un projet qu'il veut réaliser immédiatement. Ce projet est-il précisé ? Est-il risqué ?

Langue

7. Relevez le champ lexical du commerce et de la finance dans les répliques de Zerbinette. En quoi cela peut-il être révélateur de son caractère, de ce qu'elle a vécu et de ses habitudes de vie ?

8. Relevez tous les termes qui servent à établir des comparaisons dans l'ensemble de la scène.

9. Utilisez un mot de liaison pour relier logiquement deux par deux les idées exprimées dans les couples de phrases suivantes :
   – « Un tel ordre n'a rien qui ne me soit fort agréable. Je reçois avec joie une compagne de la sorte » (l. 4-5) ;
   – « Le changement du cœur d'un amant n'est pas ce que l'on peut le plus craindre. On se peut croire naturellement assez de mérite » (l. 44-46) ;
   – « C'est là aussi comme il l'entend. Il ne prétend à vous qu'en tout bien et en tout honneur » (l. 25-26).

Genre ou thèmes

10. Faites la liste des ressemblances et des différences entre les deux jeunes femmes. Pourquoi Molière les a-t-il ainsi distinguées ?

11. Pratiquement tous les personnages sont désormais entrés en scène. Indiquez dans quel ordre et à quel moment de l'action. Qui manque-t-il ?

12. Comment Molière aiguise-t-il la curiosité du spectateur à la fin de la scène ?

Écriture

13. Racontez comment Zerbinette a été délivrée. Vous indiquerez les circonstances de sa détention et de sa libération.

14. Sylvestre n'a pas donné son avis sur l'amour. Donnez-lui la parole.

15. Réécrivez le dialogue entre les deux jeunes femmes dans le langage actuel, en gardant un niveau de langue courant ou soutenu.

16. Racontez une anecdote qui viendrait illustrer la réflexion de Scapin : « Je hais ces cœurs pusillanimes qui, pour trop prévoir les suites des choses, n'osent rien entreprendre. »

Pour aller plus loin

17. Faites une recherche sur la vie quotidienne des femmes de la bonne société au XVIIe siècle. Quelles étaient leurs occupations et leur situation matérielle ?

18. Quelle devait être la conception de l'amour chez les « honnêtes hommes » au XVIIe siècle ?

> ### ✳ À retenir
>
> On peut comparer les degrés d'une qualité attribuée à quelqu'un ou à quelque chose par le comparatif d'égalité (« aussi... que »), d'infériorité (« moins... que ») ou de supériorité (« plus... que »). Le superlatif relatif exprime le degré extrême de supériorité (« le plus ») ou d'infériorité (« le moins »). Le degré d'intensité peut aussi être marqué par un adverbe (« très », « assez », « peu »).

Scène 2 Géronte, Scapin.

GÉRONTE. Hé bien ! Scapin, comment va l'affaire de mon fils ?

SCAPIN. Votre fils, Monsieur, est en lieu de sûreté ; mais vous courez maintenant, vous, le péril le plus grand du monde, et je voudrais pour beaucoup que vous fussiez dans votre logis.

5 **GÉRONTE.** Comment donc ?

SCAPIN. À l'heure que je vous parle, on vous cherche de toutes parts pour vous tuer.

GÉRONTE. Moi ?

SCAPIN. Oui.

10 **GÉRONTE.** Et qui ?

SCAPIN. Le frère de cette personne qu'Octave a épousée. Il croit que le dessein que vous avez de mettre votre fille à la place que tient sa sœur est ce qui pousse le plus fort à faire rompre leur mariage, et, dans cette pensée, il a résolu hautement[1] de décharger son désespoir sur vous, et de vous ôter la vie pour venger son honneur. Tous ses amis, gens d'épée comme lui, vous cherchent de tous les côtés et demandent de vos nouvelles. J'ai vu même deçà et delà des soldats de sa compagnie qui interrogent ceux qu'ils trouvent, et occupent par pelotons toutes les avenues de votre maison[2]. De sorte que vous ne sauriez aller chez vous, vous ne sauriez faire un pas ni à droit ni a gauche, que vous ne tombiez dans leurs mains.

GÉRONTE. Que ferai-je, mon pauvre Scapin ?

SCAPIN. Je ne sais pas, Monsieur, et voici une étrange affaire. Je tremble pour vous depuis les pieds jusqu'à la tête, et... Attendez. *(Il se retourne, et fait semblant d'aller voir au bout du théâtre s'il n'y a personne.)*

GÉRONTE, *en tremblant.* Eh ?

---

1. **Hautement :** fermement.
2. **Les avenues de votre maison :** les voies d'accès à votre maison.

SCAPIN, *en revenant.* Non, non, non, ce n'est rien.

GÉRONTE. Ne saurais-tu trouver quelque moyen pour me tirer de
30 peine ?

SCAPIN. J'en imagine bien un ; mais je courrais risque, moi, de me
faire assommer.

GÉRONTE. Eh ! Scapin, montre-toi serviteur zélé[1]. Ne m'abandonne
pas, je te prie.

35 **SCAPIN.** Je le veux bien. J'ai une tendresse pour vous qui ne saurait souffrir que je vous laisse sans secours.

GÉRONTE. Tu en seras récompensé, je t'assure ; et je te promets
cet habit-ci, quand je l'aurai un peu usé.

SCAPIN. Attendez. Voici une affaire que je me suis trouvée fort à
40 propos pour vous sauver. Il faut que vous vous mettiez dans ce
sac, et que...

GÉRONTE, *croyant voir quelqu'un.* Ah !

SCAPIN. Non, non, non, non, ce n'est personne. Il faut, dis-je, que
vous vous mettiez là-dedans, et que vous vous gardiez de remuer
45 en aucune façon. Je vous chargerai sur mon dos comme un paquet
de quelque chose, et je vous porterai ainsi, au travers de vos
ennemis, jusque dans votre maison, où, quand nous serons une
fois, nous pourrons nous barricader et envoyer quérir main-forte[2]
contre la violence.

50 **GÉRONTE.** L'invention est bonne.

SCAPIN. La meilleure du monde. Vous allez voir. *(À part.)* Tu me
paieras l'imposture.

GÉRONTE. Eh ?

SCAPIN. Je dis que vos ennemis seront bien attrapés. Mettez-vous
55 bien jusqu'au fond, et surtout prenez garde de ne vous point montrer et de ne branler[3] pas, quelque chose qui puisse arriver.

GÉRONTE. Laisse-moi faire. Je saurai me tenir...

---

1. **Zélé :** dévoué.
2. **Quérir main-forte :** chercher de l'aide.
3. **Branler :** remuer.

SCAPIN. Cachez-vous, voici un spadassin qui vous cherche. *(En contrefaisant[1] sa voix.)* « Quoi ! jé n'aurai pas l'abantage[2] dé tuer cé
60 Géronte et quelqu'un par charité né m'enseignera pas[3] où il est ? » *(À Géronte, avec sa voix ordinaire.)* Ne branlez pas. *(Reprenant son ton contrefait.)* « Cadédis[4] ! jé lé trouberai, se cachât-il au centre de la terre. » *(À Géronte, avec son ton naturel.)* Ne vous montrez pas. *(Tout le langage gascon est supposé de celui qu'il contrefait, et le reste*
65 *de lui.)* « Oh ! l'homme au sac. – Monsieur. – Jé té vaille un louis[5], et m'enseigne où put être Géronte. – Vous cherchez le seigneur Géronte ? – Oui, mordi[6] ! jé lé cherche. – Et pour quelle affaire, Monsieur ? – Pour quelle affaire ? – Oui. – Jé beux, cadédis ! lé faire mourir sous les coups dé vâton. – Oh ! Monsieur, les coups
70 de bâton ne se donnent point à des gens comme lui, et ce n'est pas un homme à être traité de la sorte. – Qui, cé fat[7] de Géronte, cé maraud, cé vélître[8] ? – Le seigneur Géronte, Monsieur, n'est ni fat, ni maraud, ni bélître, et vous devriez, s'il vous plaît, parler d'autre façon. – Comment ! tu mé traîtes, à moi, avec cette hauteur ?
75 – Je défends, comme je dois, un homme d'honneur qu'on offense. – Est-ce que tu es des amis dé cé Géronte ? – Oui, Monsieur, j'en suis. – Ah ! cadédis ! tu es dé ses amis, à la vonne hure[9] *(Il donne plusieurs coups de bâton sur le sac.)* Tiens ! boilà cé qué jé té vaille pour lui. Ah ! ah ! ah ! ah ! Monsieur. Ah ! ah ! Monsieur, tout
80 beau ! Ah ! doucement, ah ! ah ! ah ! – Va, porte-lui cela dé ma part. Adiusias[10] ! » Ah ! Diable soit le Gascon ! Ah ! *(en se plaignant et remuant le dos, comme s'il avait reçu les coups de bâton).*

GÉRONTE, *mettant la tête hors du sac.* Ah ! Scapin, je n'en puis plus.

---

1. **Contrefaisant :** déformant.
2. **L'abantage :** l'avantage (imitation de l'accent gascon : Scapin prononce *b* pour *v*).
3. **Né m'enseignera pas :** ne m'apprendra.
4. **Cadédis :** juron gascon qui signifie « tête de Dieu ».
5. **Jé té vaille un louis :** je te baille un louis. Le louis est une pièce d'or qui vaut environ 11 livres.
6. **Mordi ! :** morbleu ! (juron).
7. **Cé fat :** ce prétentieux.
8. **Cé vélître :** ce bélître, ce bon à rien.
9. **À la vonne hure :** à la bonne heure.
10. **Adiusias :** adieu.

SCAPIN. Ah ! Monsieur, je suis tout moulu, et les épaules me font
85 un mal épouvantable.

GÉRONTE. Comment ! c'est sur les miennes qu'il a frappé.

SCAPIN. Nenni[1], Monsieur, c'était sur mon dos qu'il frappait.

GÉRONTE. Que veux-tu dire ? J'ai bien senti les coups, et les sens
bien encore.

90 **SCAPIN.** Non, vous dis-je, ce n'était que le bout du bâton qui a été
jusque sur vos épaules.

GÉRONTE. Tu devais donc te retirer un peu plus loin pour m'épargner...

SCAPIN, *lui remet la tête dans le sac.* Prenez garde, en voici un
autre qui a la mine d'un étranger. *(Cet endroit est de même que*
95 *celui du Gascon pour le changement de langage et le jeu de théâtre.)*
« Parti[2], moi courir comme une Basque[3], et moi ne pouvre point
troufair de tout le jour sti tiable de Gironte. » *(À Géronte, avec sa*
voix ordinaire.) Cachez-vous bien. « Dites-moi un peu, fous, Monsir
l'homme, s'il ve plaît, fous savoir point où l'est sti Gironte que
100 moi cherchair ? – Non, Monsieur, je ne sais point où est Géronte.
– Dites-moi-le, fous, frenchemente, moi li fouloir pas grande chose à
lui. L'est seulement pour le donnair une petite régal[4] sur le dos d'une
douzaine de coups de bâtonne, et de trois ou quatre petites coups
d'épée au trafers de son poitrine. – Je vous assure, Monsieur, que
105 je ne sais pas où il est. – Il me semble que j'y fois remuair quelque
chose dans sti sac. – Pardonnez-moi, Monsieur. – Li est assurément quelque histoire là-tetans. – Point du tout, Monsieur. – Moi
l'avoir enfie de tonner ain coup d'épée dans sti sac. – Ah ! Monsieur,
gardez-vous-en bien. – Montre-le-moi un peu, fous, ce que c'être
110 là. – Tout beau ! Monsieur. – Quement ? tout beau ? – Vous n'avez
que faire de vouloir voir ce que je porte. – Et moi, je le fouloir foir,
moi. – Vous ne le verrez point. – Ah ! que de badinemente[5] ! – Ce

---

1. **Nenni :** non (adverbe de négation).
2. **Parti :** pardi (exclamation qui sert à renforcer une idée).
3. **Courir comme une Basque :** courir très vite. Les Basques étaient réputés pour
   leurs remarquables aptitudes physiques.
4. **Une petite régal :** un petit régal, ce qui cause du plaisir.
5. **Badinemente :** plaisanterie mensongère (mélange de « badiner » et « boniment »).

sont hardes qui m'appartiennent. – Montre-moi fous, te dis-je. – Je
n'en ferai rien. – Toi ne faire rien ? – Non. – Moi pailler[1] de ste
115 bâtonne dessus les épaules de toi. – Je me moque de cela. – Ah !
toi faire le trôle ! – *(Donnant des coups de bâton sur le sac et criant
comme s'il les recevait.)* – Ahi ! ahi ! ahi ! Ah ! Monsieur, ah ! ah !
ah ! – Jusqu'au refoir. L'être là un petit leçon pour li apprendre à toi
à parlair insolentemente. » Ah ! Peste soit du baragouineux[2] ! Ah !

120 GÉRONTE, *sortant la tête du sac.* Ah ! je suis roué[3].

SCAPIN. Ah ! je suis mort.

GÉRONTE. Pourquoi diantre faut-il qu'ils frappent sur mon dos ?

SCAPIN, *lui remettant la tête dans le sac.* Prenez garde, voici une
demi-douzaine de soldats tout ensemble. *(Il contrefait plusieurs
125 personnes ensemble.)* « Allons, tâchons à trouver ce Géronte, cher-
chons partout. N'épargnons point nos pas. Courons toute la ville.
N'oublions aucun lieu. Visitons tout. Furetons de tous les côtés. Par
où irons-nous ? Tournons par là. Non, par ici. À gauche. À droite.
Nenni. Si fait. » *(À Géronte, avec sa voix ordinaire.)* Cachez-vous
130 bien. « Ah ! camarades, voici son valet. Allons, coquin, il faut que
tu nous enseignes où est ton maître. – Eh ! Messieurs, ne me maltraitez point. – Allons, dis-nous où il est. Parle. Hâte-toi. Expédions.
Dépêche vite. Tôt. -Eh ! Messieurs, doucement. *(Géronte met doucement la tête hors du sac et aperçoit la fourberie de Scapin.)* – Si
135 tu ne nous fais trouver ton maître tout à l'heure, nous allons faire
pleuvoir sur toi une ondée de coups de bâton. – J'aime mieux souffrir toute chose[4] que de vous découvrir mon maître. – Nous allons
t'assommer. – Faites tout ce qu'il vous plaira. – Tu as envie d'être
battu ? – Je ne trahirai point mon maître. – Ah ! tu en veux tâter ?
140 Voilà... – Oh! » *(Comme il est prêt de frapper, Géronte sort du sac et
Scapin s'enfuit.)*

GÉRONTE. Ah ! infâme ! Ah ! traître ! Ah ! scélérat ! C'est ainsi que
tu m'assassines !

---

1. **Pailler :** bailler (autre accent : Scapin prononce *p* pour *b*).
2. **Baragouineux :** personne qui baragouine, c'est-à-dire qui parle un langage incompré-
hensible, ou bien qu'il déforme volontairement.
3. **Je suis roué :** je suis roué de coups, c'est-à-dire assommé, blessé par les coups.
4. **Souffrir toute chose :** supporter n'importe quoi.

Scène 3 ZERBINETTE, GÉRONTE.

ZERBINETTE, *en riant, sans voir Géronte.* Ah ! ah ! je veux prendre un peu l'air.

GÉRONTE, *se croyant seul.* Tu me le payeras, je te jure.

ZERBINETTE, *sans voir Géronte.* Ah ! ah ! ah ! ah ! la plaisante his-
5 toire, et la bonne dupe que ce vieillard !

GÉRONTE. Il n'y a rien de plaisant à cela, et vous n'avez que faire d'en rire.

ZERBINETTE. Quoi ! que voulez-vous dire, Monsieur ?

GÉRONTE. Je veux dire que vous ne devez pas vous moquer de
10 moi.

ZERBINETTE. De vous ?

GÉRONTE. Oui.

ZERBINETTE. Comment ? qui songe à se moquer de vous ?

GÉRONTE. Pourquoi venez-vous ici me rire au nez ?

15 **ZERBINETTE.** Cela ne vous regarde point, et je ris toute seule d'un conte qu'on me vient de faire, le plus plaisant qu'on puisse entendre ; je ne sais pas si c'est parce que je suis intéressée dans la chose, mais je n'ai jamais trouvé rien de si drôle qu'un tour qui vient d'être joué par un fils à son père pour en attraper de l'argent.

20 **GÉRONTE.** Par un fils à son père pour en attraper de l'argent ?

ZERBINETTE. Oui. Pour peu que vous me pressiez[1], vous me trou-verez assez disposée à vous dire l'affaire, et j'ai une démangeaison naturelle[2] à faire part des contes que je sais.

GÉRONTE. Je vous prie de me dire cette histoire.

25 **ZERBINETTE.** Je le veux bien. Je ne risquerai pas grand'chose à vous la dire, et c'est une aventure qui n'est pas pour être long-temps secrète. La destinée a voulu que je me trouvasse parmi une

---

1. **Vous me pressiez :** vous insistiez.
2. **Une démangeaison naturelle :** une envie que je ne peux réprimer.

bande de ces personnes qu'on appelle Égyptiens, et qui, rôdant de province en province, se mêlent de dire la bonne fortune, et
30 quelquefois de beaucoup d'autres choses. En arrivant dans cette ville, un jeune homme me vit et conçut pour moi de l'amour. Dès ce moment il s'attache à mes pas, et le voilà d'abord comme tous les jeunes gens, qui croient qu'il n'y a qu'à parler, et qu'au moindre mot qu'ils nous disent, leurs affaires sont faites ; mais il trouva
35 une fierté[1] qui lui fit un peu corriger ses premières pensées. Il fit connaître sa passion aux gens qui me tenaient, et il les trouva disposés à me laisser à lui moyennant quelque somme[2]. Mais le mal de l'affaire était que mon amant se trouvait dans l'état où l'on voit très souvent la plupart des fils de famille, c'est-à-dire qu'il était
40 dénué d'argent ; et il a un père qui, quoique riche, est un avaricieux fieffé[3], le plus vilain[4] homme du monde. Attendez. Ne me saurais-je souvenir de son nom ? Hai ! Aidez-moi un peu. Ne pouvez-vous me nommer quelqu'un de cette ville qui soit connu pour être avare au dernier point ?

45 **GÉRONTE.** Non.

ZERBINETTE. Il y a à son nom du ron... ronte. Or... Oronte. Non. Gé... Géronte. Oui. Géronte, justement ; voilà mon vilain, je l'ai trouvé, c'est ce ladre-là[5] que je dis. Pour venir à notre conte, nos gens ont voulu aujourd'hui partir de cette ville, et mon amant m'allait perdre, faute
50 d'argent, si, pour en tirer de son père, il n'avait trouvé de secours dans l'industrie[6] d'un serviteur qu'il a. Pour le nom du serviteur, je le sais à merveille. Il s'appelle Scapin ; c'est un homme incomparable, et il mérite toutes les louanges qu'on peut donner.

GÉRONTE, *à part.* Ah ! coquin que tu es !

55 **ZERBINETTE.** Voici le stratagème dont il s'est servi pour attraper sa dupe. Ah ! ah ! ah ! ah ! Je ne saurais m'en souvenir que je ne rie de tout mon cœur. Ah ! ah ! ah ! Il est allé chercher ce chien d'avare !

---

1. **Une fierté :** une dignité.
2. **Moyennant quelque somme :** en échange d'une somme d'argent.
3. **Un avaricieux fieffé :** un avare au plus haut degré.
4. **Vilain :** méprisable.
5. **Ce ladre-là :** cet avare-là.
6. **L'industrie :** l'ingéniosité.

ah ! ah ! ah ! et lui a dit qu'en se promenant sur le port avec son fils, hi ! hi ! ils avaient vu une galère turque où on les avait invités
60 d'entrer ; qu'un jeune Turc leur y avait donné la collation, ah ! que, tandis qu'ils mangeaient, on avait mis la galère en mer, et que le Turc l'avait renvoyé lui seul à terre dans un esquif, avec l'ordre de dire au père de son maître qu'il emmenait son fils en Alger, s'il ne lui envoyait tout à l'heure cinq cents écus. Ah ! ah ! ah ! Voilà
65 mon ladre, mon vilain, dans de furieuses angoisses ; et la tendresse qu'il a pour son fils fait un combat étrange avec son avarice. Cinq cents écus qu'on lui demande sont justement cinq cents coups de poignard qu'on lui donne. Ah ! ah ! ah ! Il ne peut se résoudre à tirer cette somme de ses entrailles, et la peine qu'il souffre lui fait
70 trouver cent moyens ridicules pour ravoir son fils. Ah ! ah ! Il veut envoyer la justice en mer après la galère du Turc. Ah ! ah ! ah ! Il sollicite son valet[1] de s'aller offrir à tenir la place de son fils jusqu'à ce qu'il ait amassé l'argent qu'il n'a pas envie de donner. Ah ! ah ! ah ! il abandonne, pour faire les cinq cents écus, quatre ou cinq
75 vieux habits qui n'en valent pas trente. Ah ! ah ! ah ! Le valet lui fait comprendre à tous coups l'impertinence[2] de ses propositions, et chaque réflexion est douloureusement accompagnée d'un : « Mais que diable allait-il faire à cette galère ! Ah ! maudite galère ! Traître de Turc ! » Enfin, après plusieurs détours[3], après avoir long-
80 temps gémi et soupiré... Mais il me semble que vous ne riez point de mon conte. Qu'en dites-vous ?

GÉRONTE. Je dis que le jeune homme est un pendard, un insolent, qui sera puni par son père du tour qu'il lui a fait ; que l'Égyptienne est une malavisée[4], une impertinente, de dire des injures à un
85 homme d'honneur qui saura lui apprendre à venir ici débaucher[5] les enfants de famille[6], et que le valet est un scélérat qui sera par Géronte envoyé au gibet[7] avant qu'il soit demain.

---

1. **Il sollicite son valet :** il demande expressément à son valet.
2. **L'impertinence :** l'absurdité.
3. **Détours :** prétextes, excuses.
4. **Une malavisée :** une effrontée.
5. **Débaucher :** détourner du droit chemin.
6. **Les enfants de famille :** les fils de bonne famille.
7. **Au gibet :** à la pendaison.

Clefs d'analyse
Acte III, scènes 2 et 3

Action et personnages

1. Rappelez quelle est « l'affaire de mon fils » (scène 2, l. 1).

2. D'après Scapin, qui menace Géronte dans la scène 2 et pourquoi ?

3. Quels moyens Scapin emploie-t-il dans la scène 2 pour affoler Géronte ?

4. Combien de personnages Scapin imite-t-il durant la scène du sac ?

5. Pour quelle raison, à votre avis, Géronte a-t-il sorti la tête du sac ?

6. Pourquoi Géronte n'interrompt-il pas Zerbinette dans la scène 3 ?

Langue

7. Quels sont les signes de ponctuation ou de typographie utilisés pour permettre le repérage du discours des différents personnages imités dans la scène 2 (l. 58 à 82, l. 93 à 119 et l. 123 à 140) ?

8. Repérez les répliques interrompues dans les deux scènes. Quel est le signe de ponctuation employé ? Pour quelle raison sont-elles interrompues ?

9. Relevez tous les termes employés par Zerbinette dans la scène 3 pour désigner Géronte.

Genre ou thèmes

10. Relevez les différentes formes de comique que l'on retrouve dans ces deux scènes. Quelles sont celles qui sont particulièrement exploitées ?

11. Donnez un nom à cette sixième fourberie. Qui en est le bénéficiaire et qui en est la victime ?

12. Doit-on considérer la sixième fourberie comme un échec ou comme une réussite ?

13. Dans la scène 3, Zerbinette raconte à Géronte sa propre histoire sans savoir à qui elle s'adresse. Comment nomme-t-on ce procédé ?

14. Après ces deux scènes, à quoi s'attend le spectateur ?

Écriture

15. Vous avez déjà vu des clowns au cirque ou à la télévision. Racontez une scène et commentez-la, en insistant sur vos sentiments.

16. Un témoin qui ne connaît ni Scapin ni Géronte a assisté à la scène du sac. Il va raconter ce qu'il a vu au poste de police le plus proche. Rédigez son témoignage.

17. Rédigez le monologue intérieur de Géronte alors qu'il se trouve dans le sac.

18. Zerbinette, l'optimiste qui rit sans cesse, cède la place à Hyacinte, la pessimiste qui s'inquiète tout le temps. Hyacinte raconte à Géronte la fourberie de la galère.

Pour aller plus loin

19. Dans la scène 2, Scapin reprend des accents et des expressions régionales connus, et il en invente d'autres : « le langage gascon » (l. 64), « Adiusias » (l. 81), « courir comme une Basque » (l. 96), le « baragouineux » (l. 119). Situez sur une carte de France les différentes langues régionales. Définissez les termes « dialecte », « jargon », « baragouin », « charabia », « idiome », « patois », « argot », « bilinguisme ».

20. D'autres scènes précédentes des *Fourberies de Scapin* contiennent de nombreux éléments caractéristiques de la farce. Présentez-les.

> ## ✳ À retenir
>
> La farce est une petite pièce populaire qui était très en vogue au Moyen Âge, surtout à l'époque du carnaval. Le comique de caractère et de gestes y domine. Le langage y est grossier. L'intrigue en est très simple. Elle repose sur l'affrontement de deux personnages dont l'un cherche à duper l'autre ou à le dominer (la femme, son mari, le valet, son maître, le client, son marchand...).

Clefs d'analyse

Scène 4 SYLVESTRE, ZERBINETTE.

SYLVESTRE. Où est-ce donc que vous vous échappez[1] ? Savez-vous bien que vous venez de parler là au père de votre amant ?

ZERBINETTE. Je viens de m'en douter et je me suis adressé à lui-même, sans y penser, pour lui conter son histoire.

5 **SYLVESTRE.** Comment, son histoire ?

ZERBINETTE. Oui, j'étais toute remplie du conte, et je brûlais[2] de le redire. Mais qu'importe ? Tant pis pour lui. Je ne vois pas que les choses pour nous en puissent être ni pis ni mieux.

SYLVESTRE. Vous aviez grande envie de babiller[3] ; et c'est avoir
10 bien de la langue que de ne pouvoir se taire de ses propres affaires.

ZERBINETTE. N'aurait-il pas appris cela de quelque autre ?

Scène 5 ARGANTE, SYLVESTRE.

ARGANTE. Holà ! Sylvestre.

SYLVESTRE, *à Zerbinette.* Rentrez dans la maison. Voilà mon maître qui m'appelle.

ARGANTE. Vous vous êtes donc accordés[4], coquin ; vous vous êtes
5 accordés, Scapin, vous et mon fils, pour me fourber, et vous croyez que je l'endure[5] ?

---

1. **Vous vous échappez :** vous vous êtes égarée.
2. **Je brûlais :** j'étais impatiente de.
3. **Babiller :** bavarder, jaser.
4. **Vous vous êtes accordés :** vous vous êtes mis d'accord.
5. **Je l'endure :** je le supporte.

SYLVESTRE. Ma foi, Monsieur, si Scapin vous fourbe, je m'en lave les mains, et vous assure que je n'y trempe en aucune façon.

ARGANTE. Nous verrons cette affaire, pendard, nous verrons cette
10 affaire, et je ne prétends pas qu'on me fasse passer la plume par le bec[1].

Scène 6 GÉRONTE, ARGANTE, SYLVESTRE.

GÉRONTE. Ah ! seigneur Argante, vous me voyez accablé de disgrâce.

ARGANTE. Vous me voyez aussi dans un accablement horrible.

GÉRONTE. Le pendard de Scapin, par une fourberie, m'a attrapé
5 cinq cents écus.

ARGANTE. Le même pendard de Scapin, par une fourberie aussi, m'a attrapé deux cents pistoles.

GÉRONTE. Il ne s'est pas contenté de m'attraper cinq cents écus, il m'a traité d'une manière que j'ai honte de dire. Mais il me la
10 payera.

ARGANTE. Je veux qu'il me fasse raison[2] de la pièce qu'il m'a jouée.

GÉRONTE. Et je prétends faire de lui une vengeance exemplaire.

SYLVESTRE, *à part.* Plaise au Ciel que dans tout ceci je n'aie point
15 ma part !

GÉRONTE. Mais ce n'est pas encore tout, seigneur Argante, et un malheur nous est toujours l'avant-coureur d'un autre. Je me

---

1. **Qu'on me fasse passer la plume par le bec :** qu'on me prive de ce que je suis en droit d'espérer (expression du XVIIe siècle).
2. **Qu'il me fasse raison :** qu'on me rende justice.

réjouissais aujourd'hui de l'espérance d'avoir ma fille, dont je faisais toute ma consolation, et je viens d'apprendre de mon homme qu'elle est partie, il y a longtemps, de Tarente, et qu'on y croit qu'elle a péri dans le vaisseau où elle s'embarqua.

ARGANTE. Mais pourquoi, s'il vous plaît, la tenir[1] à Tarente, et ne vous être pas donné la joie de l'avoir avec vous ?

GÉRONTE. J'ai eu mes raisons pour cela, et des intérêts de famille m'ont obligé jusques ici à tenir secret ce second mariage. Mais que vois-je ?

Louis Jouvet dans le rôle de Géronte.

---

1. **Tenir :** garder, retenir.

Clefs d'analyse

Action et personnages

1. Quel est l'état d'esprit de Sylvestre et celui de Zerbinette à la fin de la scène 4 ?

2. Pensez-vous que Zerbinette a raison quand elle affirme dans la scène 4 : « Je ne vois pas que les choses pour nous en puissent être ni pis ni mieux » (l. 7-8) ?

3. Pourquoi Géronte a-t-il « honte de dire » ce que Scapin lui a infligé (scène 6, l. 9) ?

4. Que laisse supposer pour la suite de l'action la nouvelle information donnée dans la scène 6 ?

5. Dans ces trois scènes, relevez tous les passages où Sylvestre se montre lâche.

6. Faites la liste de tous les malheurs qu'ont vécus chacun des personnages.

Langue

7. Proposez un synonyme pour le nom « choses » dans la réplique de Zerbinette (scène 4, l. 8).

8. Observez les répliques d'Argante et de Géronte au début de la scène 6. Quel est l'intérêt de cette construction parallèle ?

9. Relevez toutes les phrases interrogatives de ces trois scènes. Quelle est leur fonction ?

10. À quel mot renvoie le pronom « l' » dans la réplique d'Argante de la scène 5 : « et vous croyez que je l'endure ? » (l. 6). Même question dans la scène 6, pour le pronom « la » dans la réplique de Géronte : « Mais il me la payera » (l. 9) et pour les pronoms « la » et « l' » dans la réplique d'Argante : « Mais pourquoi, s'il vous plaît, la tenir à Tarente, et ne vous être pas donné la joie de l'avoir avec vous ? » (l. 22-23).

Genre ou thèmes

11. Quelles nouvelles péripéties sont intervenues dans l'action ?

Clefs d'analyse   Acte III, scènes 4, 5 et 6

12. À votre avis, qui va agir désormais ? Relevez les répliques qui semblent le prouver.

13. Le nœud se resserre. Pourquoi ? Qu'est-ce qui peut le démêler ?

Écriture

14. Racontez comment Argante a pris connaissance de la fourberie dont il a été victime (scène 5).

15. Écrivez un dialogue humoristique dans lequel vous emploierez le plus grand nombre de proverbes ou d'expressions imagées, inspirées par les animaux, telles que « passer la plume par le bec » (scène 5, l. 10-11).

16. Rédigez le monologue intérieur de Sylvestre à l'issue de ces trois scènes.

17. À votre avis, où est Scapin et que fait-il pendant ce temps ? Racontez.

Pour aller plus loin

18. Qu'est-ce qu'un « dicton », une « maxime », une « sentence », un « adage », un « aphorisme » ? Dans un dictionnaire de proverbes, relevez une série de proverbes, de maximes ou de dictons ayant trait à l'avarice, à la ruse et à la lâcheté, et commentez-les.

19. D'où vient l'expression « je m'en lave les mains » (scène 5, l. 7-8) ? Recherchez d'autres expressions formées à partir d'une des parties du corps humain.

✳ À retenir

Comme son nom l'indique, le nœud dramatique désigne l'enchevêtrement des différents problèmes qui forment la situation difficile dans laquelle se trouvent les personnages. Le nœud est plus ou moins serré. Pour le démêler, il faut résoudre tous les problèmes. C'est l'action des personnages, et aussi souvent le hasard, qui permet d'arriver au dénouement, à la fin de la pièce.

Scène 7 NÉRINE, ARGANTE, GÉRONTE, SYLVESTRE.

GÉRONTE. Ah ! te voilà, nourrice ?

NÉRINE, *se jetant à ses genoux.* Ah ! seigneur Pandolphe, que...

GÉRONTE. Appelle-moi Géronte, et ne te sers plus de ce nom. Les raisons ont cessé, qui m'avaient obligé à le prendre parmi vous à Tarente.

NÉRINE. Las[1] ! que ce changement de nom nous a causé de troubles[2] et d'inquiétudes dans les soins que nous avons pris de vous venir chercher ici !

GÉRONTE. Où est ma fille et sa mère ?

NÉRINE. Votre fille, Monsieur, n'est pas loin d'ici. Mais, avant que de vous la faire voir, il faut que je vous demande pardon de l'avoir mariée, dans l'abandonnement[3] où, faute de vous rencontrer, je me suis trouvée avec elle.

GÉRONTE. Ma fille mariée !

NÉRINE. Oui, monsieur.

GÉRONTE. Et avec qui ?

NÉRINE. Avec un jeune homme nommé Octave, fils d'un certain seigneur Argante.

GÉRONTE. Ô ciel !

ARGANTE. Quelle rencontre !

GÉRONTE. Mène-nous, mène-nous promptement où elle est.

NÉRINE. Vous n'avez qu'à entrer dans ce logis.

GÉRONTE. Passe devant. Suivez-moi, suivez-moi, seigneur Argante.

SYLVESTRE. Voilà une aventure qui est tout à fait surprenante !

---

1. **Las !** : hélas !
2. **De troubles** : d'émotions.
3. **L'abandonnement :** le délaissement, l'isolement affectif et matériel.

Scène 8 SCAPIN, SYLVESTRE.

SCAPIN. Hé bien ! Sylvestre, que font nos gens ?

SYLVESTRE. J'ai deux avis[1] à te donner. L'un, que l'affaire d'Octave est accommodée. Notre Hyacinte s'est trouvée la fille du seigneur Géronte ; et le hasard a fait ce que la prudence[2] des pères avait délibéré[3]. L'autre avis, c'est que les deux vieillards font contre toi des menaces épouvantables, et surtout le seigneur Géronte.

SCAPIN. Cela n'est rien. Les menaces ne m'ont jamais fait mal, et ce sont des nuées qui passent bien loin sur nos têtes.

SYLVESTRE. Prends garde à toi ; les fils pourraient bien raccommoder avec les pères, et toi demeurer dans la nasse[4].

SCAPIN. Laisse-moi faire, je trouverai moyen d'apaiser leur courroux[5], et...

SYLVESTRE. Retire-toi, les voilà qui sortent.

Scène 9 GÉRONTE, ARGANTE, SYLVESTRE, NÉRINE, HYACINTE.

GÉRONTE. Allons, ma fille, venez chez moi. Ma joie aurait été parfaite si j'y avais pu voir votre mère avec vous.

ARGANTE. Voici Octave tout à propos.

---

1. **Avis :** nouvelles.
2. **La prudence :** la sagesse, le jugement.
3. **Délibéré :** décidé.
4. **Demeurer dans la nasse :** rester pris au piège (la nasse est un filet qui sert à capturer les petits oiseaux).
5. **Leur courroux :** leur colère.

Scène 10 OCTAVE, ARGANTE, GÉRONTE, HYACINTE, NÉRINE, ZERBINETTE, SYLVESTRE.

ARGANTE. Venez, mon fils, venez vous réjouir avec nous de l'heureuse aventure de votre mariage. Le ciel...

OCTAVE, *sans voir Hyacinte.* Non, mon père, toutes vos propositions de mariage ne serviront de rien. Je dois lever le masque[1] avec
5 vous, et l'on vous a dit mon engagement.

ARGANTE. Oui ; mais tu ne sais pas...

OCTAVE. Je sais tout ce qu'il faut savoir.

ARGANTE. Je veux te dire que la fille du seigneur Géronte...

OCTAVE. La fille du seigneur Géronte ne me sera jamais de rien.

10 **GÉRONTE.** C'est elle...

OCTAVE, *à Géronte.* Non, Monsieur, je vous demande pardon, mes résolutions sont prises.

SYLVESTRE, *à Octave.* Écoutez.

OCTAVE. Non, tais-toi, je n'écoute rien.

15 **ARGANTE,** *à Octave.* Ta femme...

OCTAVE. Non, vous dis-je, mon père, je mourrai plutôt que de quitter mon aimable Hyacinte. *(Traversant le théâtre pour aller à elle.)* Oui, vous avez beau faire, la voilà celle à qui ma foi est engagée[2] ; je l'aimerai toute ma vie, et je ne veux point d'autre femme...

20 **ARGANTE.** Hé bien ! c'est elle qu'on te donne. Quel diable d'étourdi, qui suit toujours sa pointe[3] !

HYACINTE, *montrant Géronte.* Oui, Octave, voilà mon père que j'ai trouvé, et nous nous voyons hors de peine.

GÉRONTE. Allons chez moi, nous serons mieux qu'ici pour nous
25 entretenir.

---

1. **Lever le masque :** soulever le masque, c'est-à-dire découvrir la vérité.
2. **Ma foi est engagée :** j'ai engagé ma parole, c'est-à-dire je me suis marié.
3. **Qui suit toujours sa pointe :** qui poursuit son idée avec obstination.

HYACINTE, *montrant Zerbinette.* Ah ! mon père, je vous demande par grâce que je ne sois pas séparée de l'aimable personne que vous voyez : elle a un mérite qui vous fera concevoir de l'estime pour elle quand il sera connu de vous.

30 **GÉRONTE.** Tu veux que je tienne chez moi une personne qui est aimée de ton frère et qui m'a dit tantôt au nez mille sottises de moi-même !

ZERBINETTE. Monsieur, je vous prie de m'excuser. Je n'aurais pas parlé de la sorte, si j'avais su que c'était vous, et je ne vous connais-35 sais que de réputation.

GÉRONTE. Comment ! que de réputation ?

HYACINTE. Mon père, la passion que mon frère a pour elle n'a rien de criminel, et je réponds de sa vertu[1].

GÉRONTE. Voilà qui est fort bien. Ne voudrait-on point que je 40 mariasse mon fils avec elle ! Une fille qui, inconnue, fait le métier de coureuse[2] !

Scène 11 LÉANDRE, OCTAVE, HYACINTE, ZERBINETTE, ARGANTE, GÉRONTE, SYLVESTRE, NÉRINE.

LÉANDRE. Mon père, ne vous plaignez point que j'aime une inconnue sans naissance et sans bien. Ceux de qui je l'ai rachetée viennent de me découvrir qu'elle est de cette ville et d'honnête famille ; que ce sont eux qui l'ont dérobée à l'âge de quatre ans ; et 5 voici un bracelet qu'ils m'ont donné, qui pourra nous aider à trouver ses parents.

ARGANTE. Hélas ! à voir ce bracelet, c'est ma fille que je perdis à l'âge que vous dites.

---

1. **Sa vertu :** sa moralité.
2. **Coureuse :** dévergondée, qui court après les hommes.

GÉRONTE. Votre fille ?

10 **ARGANTE.** Oui, ce l'est, et j'y vois tous les traits[1] qui m'en peuvent rendre assuré.

HYACINTE. Ô Ciel ! que d'aventures extraordinaires !

Jean-Louis Barrault (Scapin) et Mahieu (Argante).
Théâtre Marigny, 1949.

---

1. **Tous les traits :** tous les signes qui permettent de l'identifier (la ressemblance physique, entre autres).

Clefs d'analyse
Acte III, scènes 7 à 11

Action et personnages

1. Comment Géronte et Argante réagissent-ils quand ils retrouvent chacun leur fille (scènes 7, 9 et 11) ?

2. Quelles informations et avertissements Sylvestre donne-t-il à Scapin dans la scène 8 ?

3. Qu'est-ce qui peut expliquer la surprenante détermination d'Octave dans la scène 10 ?

4. Quels portraits Hyacinte et Géronte brossent-ils respectivement de Zerbinette dans la scène 10 (l. 26 à 41) ?

5. Pourquoi peut-on affirmer que la mission de Scapin est terminée ?

6. Que reste-t-il à faire à Scapin désormais ?

Langue

7. Dans l'ensemble des scènes, relevez et classez tous les termes qui expriment un ordre ou un conseil.

8. Relevez toutes les interjections. Quels sentiments permettent-elles de souligner ?

9. « Non, vous dis-je, mon père, je mourrai... » (l. 16-17) ; « Une fille qui, inconnue, fait le métier de coureuse ! » (l. 40-41). Dans ces répliques de la scène 10, quels sont les termes qui sont mis en relief et par quel moyen ? Même question pour « c'est elle qu'on te donne » (l. 20) et « voilà mon père que j'ai trouvé » (l. 22-23).

Genre ou thèmes

10. Qui reste seul sur scène à la fin de la scène 7 ? Expliquez quel est l'intérêt dramatique.

11. Pour quelles raisons les fils pourraient-ils désormais se « raccommoder avec les pères » (scène 8, l. 9-10) ?

12. Quelle nouvelle maladresse Zerbinette fait-elle dans la scène 10 vis-à-vis de Géronte ? Quel est l'effet produit ?

13. Dans quelle scène de l'acte I Argante avait-il évoqué sa fille disparue ?

14. Combien de coups de théâtre et de quiproquos peut-on dénombrer dans ces cinq scènes ?

15. Relevez les répliques dans lesquelles les personnages manifestent leur surprise devant ces reconnaissances extraordinaires. Comment Molière les avait-il cependant préparées ?

Écriture

16. Très émue, Nérine raconte à Géronte leur arrivée à Naples, les recherches qu'elles ont effectuées, l'agonie de la mère de Hyacinte, le mariage de cette dernière avec Octave.

17. Poursuivez le dialogue de Géronte, d'Argante et de Nérine avec les personnes qu'ils rencontrent dans le logis (scène 7).

18. Imaginez le dialogue entre Zerbinette et son père : Argante veut tout savoir de ce qu'elle a vécu avec les Égyptiens.

Pour aller plus loin

19. Qu'appelle-t-on une nourrice actuellement et au XVIIe siècle ? Faites une recherche sur l'éducation des enfants de familles riches et celle des familles pauvres au XVIIe siècle.

20. Quelles autres scènes de reconnaissance connaissez-vous ? Citez des œuvres littéraires ou cinématographiques.

✳ À retenir

En utilisant la phrase impérative ou injonctive, l'émetteur cherche à faire agir ou réagir son interlocuteur. Le plus souvent au mode impératif (« Viens ! »), elle peut aussi être à l'infinitif (« Il faut venir ! »), au subjonctif (« Il faut que tu viennes ! ») ou à l'indicatif (« Tu viens ! »).

Scène 12   Carle, Léandre, Octave,
Géronte, Argante, Hyacinte,
Zerbinette, Sylvestre, Nérine.

Carle. Ah ! Messieurs, il vient d'arriver un accident étrange.

Géronte. Quoi ?

Carle. Le pauvre Scapin...

Géronte. C'est un coquin que je veux pendre.

5 **Carle.** Hélas ! Monsieur, vous ne serez pas en peine de cela. En passant contre un bâtiment, il lui est tombé sur la tête un marteau de tailleur de pierre qui lui a brisé l'os et découvert toute la cervelle. Il se meurt, et il a prié qu'on l'apportât ici pour vous pouvoir parler avant que de mourir.

10 **Argante.** Où est-il ?

Carle. Le voilà.

Scène des *Fourberies*. Gouache de Fesch, XVIIIe.

Scène 13 SCAPIN, CARLE, GÉRONTE, ARGANTE, *etc.*

SCAPIN, *apporté par deux hommes, et la tête entourée de linges, comme s'il avait été bien blessé.* Ahi ! ahi ! Messieurs, vous me voyez... Ahi ! vous me voyez dans un étrange état. Ahi ! Je n'ai pas voulu mourir sans venir demander pardon à toutes les personnes que je puis avoir offensées. Ahi ! oui, Messieurs, avant que de rendre le dernier soupir, je vous conjure de tout mon cœur de vouloir me pardonner tout ce que je puis vous avoir fait, et principalement le seigneur Argante et le seigneur Géronte. Ahi !

ARGANTE. Pour moi, je te pardonne ; va, meurs en repos...

SCAPIN, *à Géronte.* C'est vous, Monsieur, que j'ai le plus offensé par les coups de bâton que...

GÉRONTE. Ne parle pas davantage, je te pardonne aussi.

SCAPIN. Ç'a été une témérité bien grande à moi que les coups de bâton que je...

GÉRONTE. Laissons cela.

SCAPIN. J'ai, en mourant, une douleur inconcevable[1] des coups de bâton que...

GÉRONTE. Mon Dieu, tais-toi.

SCAPIN. Les malheureux coups de bâton que je vous...

GÉRONTE. Tais-toi, te dis-je, j'oublie tout.

SCAPIN. Hélas ! quelle bonté ! Mais est-ce de bon cœur, Monsieur, que vous me pardonnez ces coups de bâton que...

GÉRONTE. Eh ! oui. Ne parlons plus de rien ; je te pardonne tout : voilà qui est fait.

SCAPIN. Ah ! Monsieur, je me sens tout soulagé depuis cette parole.

---

1. **Inconcevable :** inimaginable.

GÉRONTE. Oui ; mais je te pardonne à la charge que[1] tu mourras.

SCAPIN. Comment, Monsieur ?

GÉRONTE. Je me dédis[2] de ma parole si tu réchappes[3].

30 **SCAPIN.** Ahi ! ahi ! Voilà mes faiblesses qui me reprennent.

ARGANTE. Seigneur Géronte, en faveur de notre joie, il faut lui pardonner sans condition.

GÉRONTE. Soit.

ARGANTE. Allons souper ensemble pour mieux goûter notre
35 plaisir.

SCAPIN. Et moi, qu'on me porte au bout de la table, en attendant que je meure.

---

1. **À la charge que :** à condition que.
2. **Je me dédis :** je me rétracte, je ne tiens plus ma promesse.
3. **Si tu réchappes :** si tu échappes à la mort.

De gauche à droite : Marie-Hélène Dasté (Nérine), Éléonore Hirt (Hyacinte),
Jean Desailly (Octave), Jean-Louis Barrault (Scapin).
Au Théâtre Marigny, 1949.

Clefs d'analyse

Acte III, scènes 12 et 13

Action et personnages

1. Le spectateur peut-il prendre au sérieux l'information donnée par Carle dans la scène 12 ?

2. Quelle didascalie permet de comprendre que l'accident de Scapin est une fourberie dans la scène 13 ?

3. Quel trait de caractère révèle la réaction d'Argante (scène 13, l. 9) ?

4. Pourquoi Géronte ne veut-il pas que Scapin « parle davantage » dans la scène 13 ?

5. Relevez les indications de temps données dans la première et la dernière scène de la pièce. Combien de temps l'action a-t-elle duré ? Est-ce vraisemblable ?

Langue

6. Relevez toutes les phrases dans lesquelles on trouve le groupe nominal « coups de bâton » dans la scène 13, et donnez à chaque fois sa fonction.

7. Donnez la nature et la fonction de « tout » dans les expressions suivantes : « toutes les personnes... » (scène 13, l. 4) ; « J'oublie tout » (l. 20) ; « je me sens tout soulagé » (l. 25).

Genre ou thèmes

8. Quels personnages se trouvent sur la scène ? Pourquoi Molière les a-t-il ainsi réunis ?

9. Nommez cette dernière fourberie de Scapin. Qui en est le bénéficiaire et qui en est la victime ?

10. D'après vous, aurait-il été possible que l'accident et la mort de Scapin surviennent vraiment ?

11. Quelle forme de comique Molière a-t-il exploitée dans la dernière scène ?

12. Cette dernière scène est-elle le dénouement ? Quel est son intérêt dans l'intrigue ?

Écriture

13. Rédigez le monologue intérieur de chacun des personnages qui se trouvent sur scène à ce moment final de l'action.

14. Relisez les critiques « Pour ou contre *Les Fourberies de Scapin* » (p. 11). De quel(s) avis êtes-vous ?

15. Renseignez-vous sur les représentations des *Fourberies de Scapin* dans votre région. Montez un dossier explicatif (lieu et jour, metteur en scène, acteurs, dossier de presse, prix de la place, moyen et coût du transport...). Rédigez ensuite une lettre argumentée à l'intention du proviseur de votre établissement pour demander l'autorisation de vous rendre à ce spectacle.

Pour aller plus loin

16. Faites une recherche sur les personnages-types de la farce et de la comédie italienne. Quels sont ceux que vous pouvez associer aux personnages des *Fourberies de Scapin* ?

17. Molière a emprunté la fameuse scène de la galère à Cyrano de Bergerac dans *Le Pédant joué*. Faites une recherche sur Cyrano de Bergerac. De quel événement Molière s'est-il aussi inspiré dans cette dernière scène ?

18. Regardez une représentation filmée des *Fourberies de Scapin* et faites-en la critique.

19. Quelles critiques de la société de son temps Molière exprime-t-il dans cette pièce ?

✳ À retenir

Le spectateur peut s'amuser de ce qui est dit, ce qui est fait, ce qui est sous-entendu, ce qui est exagéré, de la situation dans laquelle on se trouve, des défauts présentés, des maladresses, des bévues...Généralement, on classe les formes du comique dans les catégories suivantes, qui peuvent se cumuler : comiques de mots, de gestes, de situation, de caractère et de répétition.

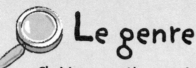

Le genre

Choisissez parmi les mots de la liste suivante et complétez le texte :

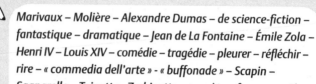

Marivaux – Molière – Alexandre Dumas – de science-fiction – fantastique – dramatique – Jean de La Fontaine – Émile Zola – Henri IV – Louis XIV – comédie – tragédie – pleurer – réfléchir – rire – « commedia dell'arte » - « buffonade » – Scapin – Sganarelle – Toinette –Zerbinette – saynète – farce – enviés – adorés – ridiculisés – situation – mots – caractère – gestes.

Les Fourberies de Scapin est une pièce de théâtre, écrite par .... , qui est un auteur .... du XVIIᵉ siècle, et qui a vécu en même temps que .... et ....

Cette pièce est une .... , car elle cherche avant tout à faire .... le public. Elle est très largement inspirée de la comédie italienne (ou ....) : les personnages sont typés de la même façon, et portent même des noms identiques (comme .... ou ....). Elle emprunte aussi beaucoup d'éléments à la .... du Moyen Âge : on y raconte de bons tours joués à de grincheux vieillards .... par des valets. L'auteur laisse une très grande place au comique de .... (coups de bâton, course poursuite, déguisements, etc.). Il exploite aussi le comique de .... (valet fourbe, père avare, etc.), le comique de .... (accents différents, jeux de mots, etc.) et le comique de .... (le maître battu dans le sac, etc.).

L'action

1. À son arrivée, Argante est fort en colère parce que :
- ☐ son fils s'est marié sans son autorisation.
- ☐ la femme de son fils a été élevée par des bohémiens.
- ☐ il n'a pas pu assister au mariage.

2. Scapin accepte d'aider Octave parce que :
- ☐ il rêve de faire une nouvelle fourberie.
- ☐ il veut se venger de la justice.
- ☐ il est sensible au charme de la jeune femme d'Octave.

3. Géronte reproche à Argante :
- ☐ de ne pas avoir un valet fidèle.
- ☐ d'avoir mal éduqué son fils.
- ☐ de ne pas avoir encore fait rompre le mariage d'Octave.

4. Léandre est très en colère contre Scapin :
- ☐ parce que Scapin aide Octave.
- ☐ parce que Scapin est bavard et taquin.
- ☐ parce que Scapin a parlé de lui en mal à Géronte.

5. Les deux jeunes gens ont besoin d'argent :
- ☐ pour payer la rançon de celle qu'il aime, Octave a besoin de 200 pistoles.
- ☐ pour payer la rançon de celle qu'il aime, Léandre a besoin de 500 écus.
- ☐ pour subvenir aux besoins de celle qu'il aime, Léandre a besoin de 200 pistoles.

6. Argante reconnaît Zerbinette comme sa fille :
- ☐ grâce à l'intervention de Nérine, qui le reconnaît.
- ☐ grâce au bracelet qu'elle portait au moment de son enlèvement, et qu'il reconnaît.
- ☐ grâce au hasard, quand il la rencontre sur le port.

7. Pour se faire pardonner, Scapin :
- ☐ part en exil.
- ☐ épouse Nérine.
- ☐ fait croire qu'il va mourir.

Les personnages

Barrez ce qui est faux :

Scapin est le valet de Léandre. Il vient de se marier avec Nérine. Il a déjà eu affaire avec la justice, et a été condamné aux galères. Il accepte d'aider Octave à la seule condition d'obtenir de lui une récompense. Il est loyal et gentil avec tout le monde. Pour mener à bien sa mission, il déguise Sylvestre en berger. Il veut se venger de Géronte car ce dernier a parlé en mal de lui à Hyacinte. Il manque de se faire tuer par Octave, mais l'annonce de l'enlèvement de Zerbinette permet un retournement de situation. À la fin, il meurt dans d'atroces douleurs, parce qu'il a reçu un coup sur la tête.

Sylvestre est le valet d'Octave, qu'il déteste. Il est un peu peureux, mais il fait confiance à Scapin.

Octave est très amoureux de Hyacinte, qui est la fille de Géronte, et qu'il a rencontrée dans un bal. Il est marié avec elle depuis trois jours. Il est tyrannique, il se bat en permanence avec tout le monde. À la fin de la pièce, il s'oppose au mariage que lui propose son père.

Léandre aime Zerbinette. Pour organiser ses fiançailles, il demande à Scapin de trouver 500 écus.

Hyacinte est belle, mais assez bête, d'après Scapin. Elle sait parfaitement qu'Octave est dominé par son père, et cela l'inquiète beaucoup. Elle a perdu sa mère quand elle était toute petite. Elle ne connaît pas son père.

Zerbinette est très gaie, elle adore écouter des contes qui la font rire. Elle raconte à Géronte sa propre histoire, parce qu'elle l'a reconnu. Elle est la sœur d'Octave. Elle a été enlevée par des bohémiens quand elle était toute petite.

Argante est noble. Il fait du commerce et est associé à Géronte, avec qui il est parti en voyage. Il veut faire casser le mariage de son fils. Pour cela, il a décidé d'aller plaider en justice, ce que Scapin lui conseille vivement.

Géronte est un riche bourgeois. Il couvre ses enfants de cadeaux. Il offre même une galère à son fils, afin qu'il aille faire du tourisme à Alger. Scapin le roue de coups de bâton alors qu'il est caché dans un sac. À la fin de la pièce, il pardonne de bon gré à Scapin, qui l'a bien fait rire.

Nérine est la nourrice de Hyacinte. Elle a pour maître le seigneur Pandolphe, qu'elle cherche partout. Elle s'occupe en permanence de Hyacinte et de sa mère, qui habitent ensemble dans un luxueux château.

Carle est le meilleur ami de Léandre, il est venu le prévenir de l'enlèvement de Zerbinette.

Dans cette pièce, on trouve de **nombreux autres personnages**. Comme l'histoire se situe en Italie, à Rome, tous les personnages parlent italien et jouent parfois masqués, comme dans la comédie italienne.

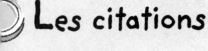

Les citations

Qui a dit ?

- Ah ! fâcheuses nouvelles pour un cœur amoureux !
- Les ardeurs que les hommes font voir sont des feux qui s'éteignent aussi facilement qu'ils naissent.
- Elle n'est pas tant sotte, ma foi, et je la trouve assez passable.
- Comment ! pendard, vaurien, infâme, fils indigne d'un père comme moi, oses-tu bien paraître devant mes yeux… ?
- On n'a plus qu'à commettre tous les crimes imaginables, tromper, voler, assassiner, et dire pour excuse qu'on y a été poussé par sa destinée.
- L'habile fourbe que voilà !

- Il vaut mieux encore être marié qu'être mort.
- Que n'ai-je à cette heure la fille que le Ciel m'a ôtée, pour la faire mon héritière !
- Trois ans de galères de plus ou de moins ne sont pas pour arrêter un noble cœur.
- Ceux qui veulent gloser doivent bien regarder chez eux s'il n'y a rien qui cloche.
- Ah ! je jure le Ciel que cette trahison ne demeurera pas impunie.
- Monsieur, les violences en ce pays-ci ne sont guère souffertes.
- Que diable allait-il faire dans cette galère ?
- J'ai bien senti les coups et je les sens encore.
- J'ai l'humeur enjouée, et sans cesse je ris ; mais, tout en riant, je suis sérieuse sur de certains chapitres.
- Et moi, qu'on me porte au bout de la table en attendant que je meure.

Les fourberies de Scapin

Nommez les différentes fourberies de Scapin et complétez le tableau :

Fourberie	Victime	Bénéficiaire	Acte et scène	Bilan
1- Le mariage forcé	Argante	Octave	I, 4	Échec
2-			II, 3	
3-			II, 3	
4-			II, 3	
5-			II, 6	
6-			II, 7	
7-			III, 2	
8-			III, 13	

Quelles sont les fourberies qui ont eu lieu avant le lever du rideau ?

Quelles sont les fourberies auxquelles le public assiste ?

Quelles sont celles dont le bénéficiaire est Scapin lui-même ?

La vengeance de Scapin

Classez les événements suivants dans l'ordre chronologique :

- Scapin annonce à Argante que Léandre s'est comporté encore plus mal qu'Octave.
- Scapin demande à Léandre la permission de se venger de Géronte.
- Léandre apprend que Zerbinette vient d'être enlevée.
- Géronte est furieux contre Léandre et le rejette.
- Sylvestre met en garde Scapin contre une réconciliation possible des pères et des fils.
- Scapin annonce publiquement qu'il a battu Géronte.
- Léandre demande son aide à Scapin.
- Géronte est obligé de pardonner à Scapin.
- Léandre est furieux contre Scapin et veut lui faire avouer son méfait.
- Argante dit à Géronte que, selon Scapin, Léandre s'est comporté encore plus mal qu'Octave.
- Scapin enferme Géronte dans un sac et le bat à coups de bâton.
- Octave supplie Léandre d'épargner Scapin.
- Scapin fait peur à Géronte en lui disant que des soldats le recherchent.
- Scapin raconte à Léandre chacun des mauvais tours qu'il lui a joués.
- Octave et Hyacinte demandent son aide à Scapin.
- Géronte est humilié par Zerbinette qui rit aux éclats de sa bêtise.
- Scapin fait croire qu'il est mourant.

117

Les mots du XVIIᵉ siècle

Associez le mot du XVIIᵉ siècle à un synonyme contemporain :

1. un innocent
2. un amant, une amante
3. une machine
4. une fourberie
5. une bagatelle
6. des déportements
7. un courroux
8. une dupe
9. une disgrâce
10. un transport
11. fâcheux, fâcheuse
12. fieffé, fieffée
13. plaisant, plaisante
14. être piqué
15. abuser
16. souffrir
17. ajuster
18. mander
19. ouïr
20. entendre
21. avoir du cœur
22. quérir
23. tout à l'heure

a - un écart de conduite
b - un événement malheureux
c - une ruse hypocrite et malveillante
d - une chose sans importance
e - une manifestation de joie
f - agréable, amusant
g - un stratagème
h - un idiot
i - une personne qui aime d'amour et est aimée de la même façon
j - une personne trompée facilement
k - une colère
l - immédiatement
m - désagréable
n - supporter, accepter
o - chercher
p - avoir du courage
q - tromper
r - entendre
s - comprendre
t - faire venir quelqu'un, ou faire parvenir quelque chose à quelqu'un
u - être vexé
v - régler, arranger
w - complet, au plus haut point

Le langage du théâtre

Reliez les mots à leur définition :

Coup de théâtre •

Quiproquo •

Exposition •

Répliques •

Aparté •

Didascalies •

Acte •

Scène •

Dénouement •

Double énonciation •

Tirade •

Personnages-types •

• Parole dite par un personnage, que les autres personnages n'ont pas entendue.

• Il apporte une solution au problème et met fin à l'histoire.

• Malentendu qui fait prendre un personnage ou un fait pour un autre.

• Division à l'intérieur d'une pièce de théâtre qui correspond souvent à un changement de lieu ou de moment dans l'histoire.

• Elle présente les principaux personnages et la situation de départ, afin d'informer le public.

• Paroles prononcées par les personnages.

• Indications scéniques données par l'auteur.

• Événement inattendu qui vient transformer la situation.

• Division à l'intérieur d'une pièce de théâtre, qui correspond à l'entrée et/ou à la sortie d'un ou de plusieurs personnages.

• Personnages qui ont un rôle traditionnel, codé, comme le valet malin, le vieil avare...

• Les paroles dites par un personnage s'adressent en même temps à un double récepteur : le personnage à qui il parle, et le public.

• Réplique en général assez longue, que l'acteur dit d'un trait sans être interrompu.

 En savoir plus sur : **www.petitsclassiqueslarousse.com**

POUR
APPROFONDIR

Thèmes et prolongements

✥ Le comique des *Fourberies de Scapin*

La comédie *Les Fourberies de Scapin* a été écrite pour le plaisir. D'abord celui de Molière auteur, qui avait envie de légèreté ; puis celui de Molière acteur, qui aimait tant le mouvement et les bouffonneries ; enfin celui du public populaire, qui désirait tout simplement rire... Et c'est bien ce plaisir qui est à l'origine de tant de variété comique.

Une mise en scène malicieuse

C'est incontestablement Scapin l'ordonnateur et le metteur en scène de la pièce. Il mène le dialogue en même temps que l'intrigue. Il invente les fourberies et distribue les rôles. Sans lui, les autres personnages sont perdus : Octave ne sait pas comment affronter son père, ni Géronte comment se protéger de ses faux ennemis... Tous s'en remettent à lui, à un moment ou à un autre. Scapin manipule donc sans scrupule des pantins dont il fait bouger les ficelles avec beaucoup d'humour et de fermeté. Cette malice et cette duplicité sont le premier ressort du rire. Et le spectateur lui aussi s'abandonne : en entrant dans son jeu, il devient le complice de Scapin.

La fantaisie du langage

Lorsque Scapin crée les situations, il adapte le langage qui va avec. Il sait tout faire, il sait aussi tout dire et tout exploiter : les accents, les jargons, les registres, les différents tons, l'ironie... Son vocabulaire est très riche, ses connaissances sont vastes, son esprit est leste. Il connaît les finesses de l'argumentation. Dans l'urgence, il trouve immédiatement une réplique adaptée. À chaque scène, chaque acte, il a le dernier mot. Son langage peut être virulent, séducteur, plaintif, raisonnable, autoritaire... En tout cas, il est toujours trompeur et chacun s'y laisse prendre. Il n'a pas non plus peur de se répéter. Bavard inépuisable, Scapin emporte avec lui le public, qui rit de ses plaisanteries et de ses boutades.

La vivacité du geste et le goût du risque

Scapin joint aussi le geste à la parole. Il ne tient pas en place : il court, il se faufile, il bondit, il virevolte, il danse autour du sac, il multiplie les mouvements et les mimiques... Les bastonnades et les courses-poursuites s'enchaînent, comme dans la farce. Le rythme et l'entrain sont de mise.

Scapin bouge, mais surtout il agit, méprisant les « cœurs pusillanimes qui n'osent rien entreprendre ». Il goûte en permanence au plaisir du risque, et entraîne les spectateurs qui frissonnent pour lui. Car, au XVIIe siècle, on ne défie pas impunément l'autorité d'un maître et d'un père, et la peine des galères n'est pas une petite menace ! Mais Scapin est le plus rusé des fourbes, et il sait bien dire avec humour que le théâtre n'est rien d'autre qu'un divertissement, « en attendant que l'on meure ».

L'art de l'inversion et de la contestation

Scapin joue en permanence deux rôles, celui du valet et celui du fourbe. Le fourbe est omniprésent, mais le valet s'efface quelquefois pour prendre la place d'un autre : celle des deux fils face à leur père respectif ; ou celle de soldats invisibles, et même celle du faux mourant repentant. Il n'hésite pas non plus à distribuer des emplois aux autres. C'est du « théâtre dans le théâtre ».

Mais Scapin prend aussi le rôle du traditionnel « fou », à qui on autorise de se moquer sans retenue des puissants durant la durée du carnaval. Il lutte contre les conventions et l'ordre établi, contre l'autorité des pères, contre la vieillesse face à la jeunesse, contre le maître face au valet, contre la richesse face à la pauvreté, contre la mesquinerie face à l'amour... Et ce rôle-là, Molière l'a conservé durant toute sa vie, avec passion.

Pour approfondir

123

✥ La comédie italienne

> Pourquoi Molière a-t-il situé l'action des *Fourberies de Scapin* à Naples ? Pourquoi s'est-il choisi ce rôle de valet fourbe et sans scrupule dont le nom italien vient de *scappare*, qui veut dire « s'échapper » ? N'était-ce pas pour lui la plus belle façon de rendre hommage à la Comédie-Italienne ?

Qu'est-ce que la commedia dell'arte ?

Vers 1545, en Italie, un genre théâtral nouveau remporte un très vif succès : c'est la *commedia dell'arte*. Ce terme signifie « comédie de professionnels ». En effet, les acteurs refusent désormais d'être considérés comme des amateurs. Ils veulent vivre de leur art. Les spectateurs doivent donc payer pour être divertis, ce qui est nouveau à l'époque.

Pour garder leur public, les acteurs doivent le séduire et le surprendre. Ils savent tout faire : jongler, danser, faire de la musique, des acrobaties, des imitations... Et ils se perfectionnent sans cesse. Mais l'essentiel de leur talent se manifeste surtout dans l'art de l'improvisation, à partir d'un canevas (un petit scénario) très simple qu'ils ont établi ensemble. Voilà pourquoi on appelle aussi ce type de spectacle *la commedia al improviso* (comédie improvisée) ou *commedia a soggetto* (comédie à sujet). Les comédiens inventent les rebondissements au fur et à mesure que la pièce se déroule, selon les réactions du public. Ils jouent avec les mots et les phrases ; ils réutilisent et arrangent des répliques déjà utilisées ; ils inventent de nouveaux calembours... Tout cela demande une immense vivacité d'esprit.

Les masques

La bonne entente est donc essentielle au sein de la troupe, qui est en général une famille. Le rire et la bonne humeur doivent passer directement de la scène à la salle. On n'hésite pas à prendre le public à témoin, ni à le faire participer... Et pour que le spectateur soit réellement complice, il doit pouvoir reconnaître facilement les personnages. C'est l'intérêt des costumes et surtout des masques que porte la majorité des acteurs. Le plus souvent en cuir, parfois en carton bouilli peint, les masques permettent d'associer directement n'importe quel acteur à un personnage particulier.

Arlequin, Colombine, Polichinelle, Pantalon, Brighella, Pierrot, le capitaine Matamore et le docteur sont des personnages qui reviennent très souvent. On dit qu'ils sont typés, car ils présentent toujours les mêmes traits de caractère, les mêmes défauts, les mêmes costumes... Ainsi, Brighella est un serviteur extrêmement complaisant, mais malhonnête et paresseux, et qui a une très haute estime de lui-même. Il se mêle souvent des histoires des jeunes gens, surtout quand il peut berner quelqu'un. Un fourbe, donc... comme un certain Scapin, non ?

Les Italiens et Molière

Molière a été très influencé par ce genre particulier de théâtre, qui demande beaucoup de maîtrise, de technique et d'inventivité. Il avait une immense admiration pour les Comédiens-Italiens. En tant qu'acteur, il a certainement imité leurs gestes et grimaces. En tant qu'auteur, il a repris leurs principaux thèmes : celui des amours contrariées par les pères grincheux, par exemple, apparaît dans pratiquement toutes ses comédies... Comme eux, il privilégie le mouvement, le comique de répétition, les bastonnades, la diversité des langages et des accents, les bons mots, le langage naturel et familier... Enfin, il a toujours eu une préférence marquée pour le personnage du valet rusé et paresseux (Scapin, bien sûr, mais aussi Sganarelle dans plusieurs autres pièces). Personnage qu'il interprétait à chaque fois lui-même, et à qui il a donné une nouvelle personnalité.

Pour approfondir

✤ Faire du théâtre au XVIIᵉ siècle

En homme de théâtre, Molière a toujours écrit et joué pour son public, qu'il respectait et chérissait. Après avoir créé de grandes comédies à l'intention du roi et des nobles de la cour, il offre *Les Fourberies de Scapin* à des spectateurs plus modestes, ceux qu'il a beaucoup côtoyés à ses débuts. On ne manquera d'ailleurs pas de le lui reprocher.

Les spectateurs

Enfant, Molière se rend souvent avec son grand-père sur le Pont-Neuf. Les Parisiens y viennent en foule s'amuser des farces jouées en plein air par les comédiens ambulants. Ils peuvent aussi assister à des spectacles payants dans d'anciennes salles de jeu de paume (l'ancêtre du tennis). Le théâtre est pour eux un des rares moyens de se distraire et de s'instruire, à cette époque où très peu de gens savent lire.

Dans les salles, on est placé selon ce qu'on a déboursé. Les moins fortunés sont au parterre : ils restent debout, serrés les uns contre les autres devant la scène. Les plus riches sont en hauteur, dans les loges ou sur les galeries. Les spectateurs privilégiés sont installés dans des fauteuils, directement sur la scène... ce qui est bien gênant pour les acteurs, surtout quand ils doivent « courir de tous côtés », comme le dit et le fait Scapin.

Les spectacles

On va au théâtre non seulement pour voir un spectacle mais aussi pour se faire voir. Les représentations ne sont pas longues, mais elles ont lieu l'après-midi et ne commencent jamais à l'heure. Les spectateurs ont donc le temps de se rencontrer, se complimenter, se courtiser, et même de se disputer ou se réconcilier... C'est un lieu très vivant et très agité : le public réagit bruyamment, siffle, hurle, sans aucune retenue. Tant pis pour les acteurs ! Lorsque les violons

Pour approfondir

annoncent l'entracte (durant lequel on change les chandelles), tout le monde se retrouve à la buvette pour boire et manger.

Les auteurs de théâtre français du XVIIe siècle puisent dans la mythologie ou l'histoire antique pour trouver les sujets tragiques de leurs tragédies ou tragi-comédies, qui s'adressent davantage à un public cultivé (Molière a essayé de suivre cette mode, mais il n'a eu aucun succès.). Ils s'inspirent aussi d'écrivains grecs et romains, dont ils reprennent les personnages comiques dans les farces ou les comédies, comme le valet rusé qui trompe son maître, par exemple.

Comme Louis XIV aime la danse, on n'hésite pas à inclure des parties dansées et chantées dans les spectacles. Ce sont les comédies-ballets, les ancêtres de nos comédies musicales.

Quelques troupes étrangères font aussi la joie du public. Les Italiens font découvrir la *commedia dell'arte* aux Parisiens. Molière aime beaucoup cette troupe, dont le directeur, le célèbre Scaramouche, a été son ami et son maître.

Quant aux provinciaux, ils assistent aux spectacles proposés par les troupes itinérantes. C'est en sillonnant ainsi la France que Molière s'est fait connaître.

Les acteurs

Le métier de comédien est alors considéré comme infamant et indigne d'un bon chrétien. L'Église rejette les comédiens car elle leur reproche d'être de mauvais exemples. Les acteurs n'ont donc pas droit aux sacrements, surtout pas celui d'être enterré religieusement, sauf s'ils ont renié leur profession avant de mourir.

Malgré tout, certains acteurs sont adulés et gagnent très bien leur vie, en se partageant des recettes parfois énormes. Il arrive même qu'ils obtiennent la faveur du roi qui leur verse des pensions parfois très importantes. Cela a été le cas pour Molière.

Pour approfondir

Textes et images

✣ Voir Scapin et d'autres personnages sur scène

> Sans spectateur, pas de théâtre ! L'acteur ne vit que pour les yeux posés sur lui. Mais que voit donc le spectateur sur la scène ? Que perçoit-il de ce monde chargé de tant d'émotions, et parfois si mystérieux ?

Documents :

❶ Extrait de *Fifi Brindacier*, Astrid Lindgren.

❷ Extrait de *Une belle matinée*, de Marguerite Yourcenar.

❸ Extrait de *Louison et monsieur Molière*, de Marie-Christine Helgerson.

❹ Affiche de l'Hôtel du Marais.

❺ Affiche des *Fourberies de Scapin*, Le Lucernaire, mai 2006.

❻ Vignette de BD de Ayroles et Masbou, *De Cape et de Crocs*, « Le secret du janissaire », Delcourt, 1995.

❼ *La Kermesse*, détail d'un tableau de David Vinckboons, XVIIᵉ.

Pour approfondir

❶ Au même instant, le rideau se leva, et l'on vit la comtesse Aurore qui déambulait de long en large sur la scène. Elle se tordait les mains d'un air soucieux.

« Elle a certainement des ennuis », remarqua Fifi.

La comtesse Aurore leva les yeux au ciel et articula d'une voix plaintive : 5

« Y a-t-il une femme au monde aussi malheureuse que moi ? On m'a enlevé mes enfants, mon mari a disparu, et moi-même je suis entourée de brigands qui n'attendent qu'un signe pour me faire mourir.

– C'est trop terrible à entendre, dit Fifi dont les yeux devinrent tout rouges. 10

– Je voudrais déjà être morte ! » reprit la comtesse Aurore.

C'en était trop ! Fifi éclata en sanglots.

« Ne dis pas ça, comtesse, dit-elle en pleurant. Tout peut encore
s'arranger ! On te ramènera tes enfants et tu trouveras bien un autre
15 mari ! »
Le directeur du théâtre – celui-là même qui, à l'entrée, avait annoncé
le spectacle – s'approcha de Fifi et lui dit que si elle ne se tenait pas
tranquille, il la jetterait dehors.
« Je vais essayer d'être sage », promit Fifi en se frottant les yeux.
20 La pièce était passionnante.

Astrid Lindgren, Fifi Brindacier (1945), trad. du suédois par M. Lœwegren,
Hachette jeunesse, 1988.

2 Ces jours-ci, ç'avait été toute une bande d'Anglais. On n'avait
pas su tout de suite s'ils étaient riches ou pauvres ; ils avaient avec
eux toute une masse de colis mal faits. Et leurs malles étaient vieilles
et fermées comme ci comme ça avec des cordes. Il y en avait de
5 bien mis, mais le linge était un peu déchiré, ou avait des reprises, et
d'autres, débraillés, portaient des habits élimés ou sales, mais parfois sous leur veste une belle écharpe à sequins qui était une écharpe
de femme, ou au doigt un gros diamant que Mevrouw Loubah eût
immédiatement déclaré faux.
10 Lazare avait reconnu tout de suite des acteurs. Il s'y connaissait. Il
avait vu une ou deux pièces à Londres, et ici même, à Amsterdam,
on donnait de temps en temps des représentations sur des tréteaux
dressés à un carrefour ou dans des remises d'auberges.
Seulement, ces acteurs-là, qui ne savaient que faire l'acrobate ou
15 le pitre, c'étaient des pas-grand-chose. Ceux-ci, au contraire, pour
la plupart (ils étaient bien dix-huit ou vingt), avaient des manières
presque aussi bonnes que celles de Meyrouw Loubah, ou d'Herbert
Mortimer que Lazare, apprivoisé par tant de gentillesse, considérait
comme son bon ami.

Marguerite Yourcenar, Une belle matinée (1982), Folio Junior, 2003.

3 Les chandeliers sont déjà allumés. Dans les coulisses, les acteurs
attendent, maquillés et habillés. [...]

Textes et images

Les gens du parterre sont serrés les uns contre les autres. Debout.
Dans les galeries et les loges sont installés les marquis et les marquises tout poudrés et enrubannés. Et puis directement sur la scène, pour qu'on les voie bien, des marchands riches sont assis sur des chaises en paille.

La foule crie : « Commencez ! Commencez ! »

M. Molière, dans les coulisses, retient le signal pour faire lever le rideau. Papa me dit qu'il laisse monter l'attente du spectacle dans la salle. Le désir de la représentation ne doit pas être satisfait trop vite. Bientôt, le rideau s'enroulera, selon la tradition du Palais-Royal.

On se met en cercle et on se serre les mains. C'est M. Molière qui a inventé ce moment de calme pour ses acteurs pendant que la foule crie dans la salle. L'haleine de la troupe se mêle. Les acteurs échangent leur rôle de façon invisible.

Intimidée par ce moment solennel, je ferme les yeux. Je suis la plus petite et je ne sais pas si l'on me regarde.

Marie-Christine Helgerson, *Louison et Monsieur Molière*,
Flammarion, « Castor Poche », 2001.

Pour approfondir

4

5

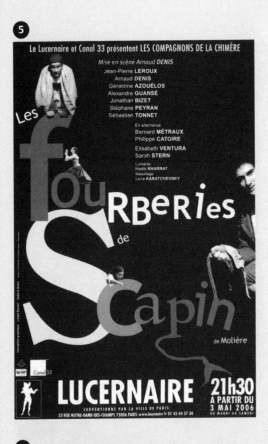

6

Textes et images

❖ Étude des textes

Savoir lire

1. Qui raconte l'histoire dans chacun des textes ?
2. Relevez le champ lexical du regard dans l'ensemble des textes. Dites précisément ce qui est vu, par qui, et de quel endroit.
3. Quels sont les sentiments des différents personnages ?

Savoir faire

4. Racontez votre émerveillement face à un spectacle que vous êtes allé voir pour la première fois.
5. Écrivez la suite du texte 3. La narratrice s'appelle Louison, elle a 8 ans. Elle va jouer au théâtre pour la première fois.
6. Vous ouvrez la malle d'une actrice de la troupe des Anglais (texte 2). Qu'y trouvez-vous ? Décrivez.

❖ Étude des images

Savoir analyser

1. À quel genre appartiennent les pièces de théâtre évoquées dans les images ? Dans quel texte retrouve-t-on ces genres ?
2. Qui regarde la scène dans ces images (doc. 6 et 7) ? Dans quel(s) texte(s) trouve-t-on ce même regard sur la scène ?
3. Situez les personnages de ces images qui expriment les mêmes sentiments que les personnages des textes.
4. À qui sont destinées les affiches (doc. 4 et 5) ? Quelle est leur fonction ?
5. Quels sont les éléments mis en valeur dans chacune d'entre elles ? Pourquoi ?

Savoir faire

6. Dans le document 6, le personnage de droite regarde quelque chose ou quelqu'un en hors champ (à l'extérieur de la vignette). Racontez ce qu'il voit et ce qu'il pense.
7. Votre collège organise une représentation des *Fourberies de Scapin*. Réalisez l'affiche.

Pour approfondir

✣ Portraits de comédiens et personnages

L'univers du théâtre est bien vaste et les personnages qui le peuplent viennent de tous les horizons et tous les âges. Ils sont parfois difficiles à interpréter. Comment l'acteur arrive-t-il à leur donner vie et force ? Par la passion pour son art, d'abord, et beaucoup de travail. Le masque et le costume viennent aussi souvent à son aide.

Documents :

❶ « Carnaval », Théophile Gautier, in *Émaux et camées*.

❷ « Le mariage de Polichinelle », A. Baudeuf, chanson in *Contes en musique pour les enfants malins*.

❸ Extrait de « Daniel Auteuil en plans-séquences », interview par Florence Castelnau-Mendel, in *L'Express* du 08/08/1996.

❹ *Neuf personnages de la Commedia dell'arte*, de G. Gallina.

❺ *Masque en argile de Tarente*, IIe siècle avant J.-C.

❻ *Masque de procession en bois polychrome* du Sri Lanka, pour se garantir de la maladie.

❼ *Masques tragiques*, copie d'une mosaïque hellénistique de Sosos de Pergame, IIIe-IIe siècle avant J.-C.

❽ *Le mime Georges Wague* (1874-1965).

❾ *Les Fourberies de Scapin,* mise en scène de Jean-Pierre Vincent, Festival d'Avignon, 1990 (acte III, sc. 13). Daniel Auteuil dans le rôle de Scapin.

❶   Venise pour le bal s'habille.
De paillettes tout étoilé,
Scintille, fourmille et babille
Le carnaval bariolé.

5   Arlequin, nègre par son masque,
Serpent par ses mille couleurs,

Rosse d'une note fantasque
Cassandre son souffre-douleurs.

Battant de l'aile avec sa manche
10 Comme un pingouin sur un écueil,
Le blanc Pierrot, par une blanche,
Passe la tête et cligne l'œil.

Le Docteur Bolonais rabâche
Avec la basse aux sons traînés ;
15 Polichinelle, qui se fâche,
Se trouve une croche pour nez.

Heurtant Trivelin qui se mouche
Avec un trille extravagant,
À Colombine Scaramouche
20 Rend son éventail ou son gant.

Sur une cadence se glisse
Un domino ne laissant voir
Qu'un malin regard en coulisse
Aux paupières de satin noir.

25 Ah ! fine barbe de dentelle,
Que fait voler un souffle pur,
Cet arpège m'a dit : C'est elle !
Malgré tes réseaux, j'en suis sûr !

Et j'ai reconnu, rose et fraîche,
30 Sous l'affreux profil de carton,
Sa lèvre au fin duvet de pêche,
Et la mouche de son menton.

« Carnaval », Théophile Gautier, *Émaux et Camées* (1852).

2 Polichinelle, un beau matin,
Résolut d'épouser Rosette.
Il mit son habit de satin,

Ses souliers à grosses bouffettes,
Et, de son air le plus pimpant,
Fait sa demande en mariage
Au vieux papa, clopin, clopant,
Qui l'accepte sans barguignage.

Un cortège des plus brillants,
Suivi de cent marionnettes,
Les conduisit en sautillant,
Tout en agitant des sonnettes,
À la mairie et vers l'autel
Où tous deux avec énergie,
Firent le serment solennel
De s'adorer toute la vie.

Le repas fut délicieux,
Chez un pantin du voisinage,
Puis nos époux audacieux
Voulurent faire un long voyage ;
On construisit donc un canot
Dans un sabot de belle taille ;
La voile était en calicot,
Et les deux rames en écaille.

Après un adieu déchirant
Au papa qui les accompagne,
Polichinelle, impatient,
Entraîne sa chère compagne.
Les voilà donc voguant sur l'eau
Du grand bassin des Tuileries ;
Et le gentil petit bateau
Berce leur douce rêverie.

Mais voilà que chacun des deux
Voudrait gouverner le navire,
Et sur la voile, à qui mieux mieux,

Madame pousse, Monsieur tire,
Ils tirèrent tant et si bien
Qu'à la fin elle se déchire,
Puis, patatras ! dans le bassin,
Bateau, mariés, tout chavire.

Par là passait, heureusement,
Un vieux gardien à l'âme tendre
Qui, les repêchant à l'instant,
Les ramène sans plus attendre,
À leur patron, Monsieur Guignol ;
Hélas ! chacun est bien malade :
Elle s'est abîmé le col,
Lui a le nez en marmelade.

Depuis ce bain malencontreux,
Ah ! c'est un bien triste ménage ;
Toujours grognon ou furieux,
Polichinelle fait tapage ;
Il frappe à tort et à travers,
Bat le commissaire et Rosette ;
Il met le théâtre à l'envers,
Et mène tout à la baguette.

« Le mariage de Polichinelle », A. Baudeuf, *Contes en musique pour les enfants malins*,
Paris, Éd. Serpeille (vers 1900).

❸ Enfance et adolescence

Je suis né à Alger, en 1950. Mes parents, originaires d'Avignon, étaient choristes et passaient leur temps en tournée. Ma vie a donc commencé comme une opérette fleurie. J'ai des souvenirs de dîners après le spectacle, très joyeux. Ma mère riait beaucoup, alors que c'était un métier difficile. Côté études, j'ai été assez vite dirigé vers le lycée technique de Tarascon et je suis devenu opérateur géomètre. Pas vraiment longtemps. Le théâtre me passionnait. J'allais

137

voir toutes les pièces. Quelle émotion de voir Michel Simon, Paul Meurisse sur scène.... Je les connaissais tous. C'est drôle de parler de ça, alors que cela se passait il y a trente ans. C'est terrible !

Ses débuts

Je suis arrivé à Paris à 20 ans avec le désir de faire l'acteur. Fauché. Un copain m'a prêté une chambre de bonne, un peu sale. J'ai acheté de l'eau de Javel et j'ai tout nettoyé. (Rires.) Je suis un peu maniaque de la propreté. Puis j'ai acheté *Le Figaro* pour trouver du travail [...]. Résultat, je me suis retrouvé errant dans Paris. Ma rencontre avec Georges Wilson, qui dirigeait le TNP, a eu lieu à ce moment-là. Je l'ai tanné, pour qu'il m'accepte dans sa troupe. Voilà.

« Daniel Auteuil en plans-séquences », interview par Florence Castelnau-Mendel, in *L'Express* du 08/08/1996.

4

ITOC HPΓACA TO

Textes et images

❖ Étude des textes

Savoir lire

1. D'où proviennent les trois textes ? Comment reconnaît-on qu'il ne s'agit pas d'extraits de romans ?
2. Dans quels lieux se situe l'action des textes 1 et 2 ?
2. Quels personnages sont cités dans les trois textes ? Quel est leur rapport avec le théâtre ?

Savoir faire

4. Faites une recherche sur les personnages et les personnes cités dans les trois textes et rédigez une courte fiche d'identité pour chacun d'eux.
5. Dites quels sont les différents genres théâtraux que vous avez reconnus dans les textes 1 et 2. Présentez-les et expliquez leurs particularités.
6. Rédigez votre propre interview : présentez-vous en répondant à trois ou quatre questions bien ciblées, qui permettront de faire connaître à votre lecteur un aspect de votre personnalité ou certaines de vos qualités, dans le domaine de votre choix.

❖ Étude des images

Savoir analyser

1. Quels personnages des textes 1 et 2 et des *Fourberies de Scapin* retrouve-t-on sur les images ?
2. Observez les masques sur les différentes images. Qui les porte ? Quand ? Pour quel emploi ?
3. Observez les masques, les expressions du visage et les attitudes des différents personnages. Quels sentiments expriment-ils ? Attribuez à chacun une courte réplique.

Savoir faire

4. Faites une recherche sur les masques à travers les âges et à travers les pays. Présentez-la sous forme de dossier illustré.
5. Imaginez une pantomime qui pourrait être interprétée par le mime Georges Wague (doc. 8). Rédigez toutes les indications utiles, et faites mimer l'un de vos camarades.

Pour approfondir

Langue et langages

1. Donnez un **synonyme** de l'adjectif « *passionnante* » (l. 20)

2. Donnez un **antonyme** de l'adjectif « *malheureuse* » (l. 7).

3. Donnez un **homonyme** du nom « *voix* » (l. 5). Utilisez cet homonyme dans **une phrase** qui mettra en valeur son sens.

4. Expliquez **la formation** du verbe « *déambulait* » (l. 2) et proposez deux autres mots de la **même famille**.

5. Par quel autre mot pouvez-vous **remplacer** « *tout* » (l. 10) ? À quelle **classe grammaticale** appartient-il ?

6. Même question pour « *tout* » (l. 13). Quelle est sa **fonction** dans la phrase ?

7. Relevez trois mots du **champ lexical** du théâtre et trois mots du **champ lexical** du malheur.

8. Que désigne le **pronom indéfini** « *on* » à la ligne 1 et à la ligne 7 ?

9. Relevez deux verbes du **système du passé** à des **temps différents**. Expliquez leur **emploi**.

10. Relevez deux verbes du **système du présent** à des **temps différents**. Expliquez leur **emploi**.

11. Relevez tous **les verbes** qui introduisent **les paroles** de la comtesse et de Fifi. Que remarquez-vous sur le temps de ces verbes ? Sur la place de leur sujet ?

12. Observez la **ponctuation**. Quel est le rôle des guillemets, des tirets et des points d'exclamation ?

13. Relevez le **verbe** qui introduit **les paroles** du directeur. Pourquoi ces paroles ne sont-elles pas présentées entre guillemets ?

Pour approfondir

14. **Transformez** le passage des lignes 16 à 18 de sorte que les paroles du directeur soient **rapportées directement**.

15. **Qui dit** « *C'en était trop !* » (l. 12) ? Justifiez votre réponse.

16. **Réécriture** : réécrivez tout le texte en commençant par « *Au même instant, le rideau se lève…* ». Quels sont les passages qui ne subissent pas de transformations ? Pourquoi ?

17. **Écriture :** deux collégiens commentent un film qu'ils sont allés voir récemment. L'un a beaucoup aimé le film, l'autre pas du tout. Rédigez leur dialogue, en prenant soin de l'insérer dans une courte narration.

Petite méthode

• Dans un texte narratif, l'auteur peut insérer un **dialogue**, et ainsi **rapporter directement** les paroles des personnages.

• Ce dialogue permet de rendre la scène plus vivante et de mettre en valeur les émotions et les **sentiments**. Il est introduit par des **verbes de paroles** et se présente **entre guillemets**.

• On passe à la ligne et on utilise le **tiret** pour indiquer le changement d'interlocuteur. On emploie les temps du **système du présent** (présent, passé composé, imparfait, futur), les pronoms de la 1re et 2e personne, des adverbes de lieu et de temps comme « ici » ou « aujourd'hui ».

Pour approfondir

Exercice 2 : texte 2, p. 129,
Une belle matinée ,
Marguerite Yourcenar.

1. Le **narrateur** est-il intérieur ou extérieur à l'histoire ? Justifiez votre réponse.

2. À votre avis, le **pronom indéfini** « *on* » (l. 1) désigne-t-il quelqu'un d'**intérieur** ou d'**extérieur** à l'histoire ? Justifiez en précisant qui est « *on* », à votre avis.

3. Proposez un **synonyme** de l'expression « *comme ci comme ça* » (l. 4).

4. **Expliquez :** « *être bien mis* » (l. 5), « *des habits élimés* » (l. 6), « *une écharpe à sequins* » (l. 7).

5. **Relevez** tous les termes qui indiquent que les acteurs sont riches, et tous ceux qui montrent qu'ils sont pauvres (l. 1 à 9). Relevez aussi les mots qui permettent d'**opposer**, d'**amplifier** ou d'**atténuer** ces termes.

6. Qui **est désigné** par le terme « *des pas-grand-chose* » (l. 15) ? Par qui ? Proposez un **synonyme**.

7. **Expliquer** l'expression « *faire le pitre* » (l. 14-15).

8. « *Ceux-ci [...] avaient des manières presque aussi bonnes que celles de Meyrouw Loubah ou d'Herbert Mortimer...* » (l. 15-18). Dans cette phrase, quels sont les **éléments comparés** ? Par quel **moyen grammatical** ? Qui établit cette comparaison ?

9. **Qui** est désigné par le terme « *ces acteurs-là* » (l. 14) et par le terme « *ceux-ci* » (l. 15) ? À partir de votre réponse, dites à quoi servent les formes « *-là* » et « *-ci* » ?

10. Quel est le **niveau de langue** employé ? Justifiez.

11. **Relevez** toutes les **indications de temps**. Quel est leur **rôle** dans ce texte précisément ?

12. **Relevez** toutes les **indications de lieu**. Que mettent-elles en valeur ?

13. **Relevez** tous les termes qui indiquent l'**opinion** des personnages sur les acteurs en général. **Classez-les** en deux groupes : opinion positive, opinion négative.

14. **Réécriture :** réécrivez les quatre premières lignes (jusqu'à « *cordes* ») en remplaçant « *une bande d'Anglais* » par « *un Anglais* ». Vous ferez les transformations nécessaires.

15. **Écriture :** vous assistez à l'arrivée d'une équipe sportive que vous ne connaissez pas. Décrivez, à la façon de Marguerite Yourcenar.

Petite méthode

• Il ne faut pas confondre l'**auteur** (qui écrit), le **narrateur** (qui raconte) et le **personnage** (qui agit).

• Le narrateur peut être **un des personnages** : il parle alors à la 1re personne (je) et il ne raconte pas plus que ce qu'il voit et fait. Il peut aussi être **extérieur** : il ne participe pas à l'action et il parle à la 3e personne (il). Quand il sait tout de l'histoire, on dit qu'il est **omniscient**. Il peut aussi adopter un **point de vue interne** : il raconte alors l'histoire à travers les yeux ou les sentiments d'un des personnages.

Pour approfondir

Langue et langages

1. Relevez dans le texte tous les mots qui appartiennent au **champ lexical** du théâtre et classez-les selon qu'ils font référence à des **lieux** ou à des **personnages**.

2. Relevez dans le texte un **synonyme** de « *spectacle* » (l. 10).

3. Expliquez la formation de « *enrubannés* » (l. 5) et donnez un mot de la **même famille**.

4. Expliquez la **formation** de « *invisible* » (l. 16) et de « *intimidée* » (l. 17). Quel est le **sens** de chacun des **préfixes** ?

5. Relevez le **groupe sujet** de « *sont installés* » (l. 4), « *se mêle* » (l. 15) et « *regarde* » (l. 18).

6. Que désignent les pronoms sujets « *on* » aux lignes 6 et 13 ?

7. Justifiez la **terminaison** de « *poudrés* » et « *enrubannés* » (l. 5).

8. Par quel moyen l'auteur a-t-il **mis en valeur** le groupe sujet « *M. Molière* » (l. 13) ? Comment nomme-t-on ce **procédé** ?

9. Relevez une **phrase sans verbe**, qui contient un seul mot. Quelle est la **nature** de ce mot ?

10. Dans les deux derniers paragraphes, classez les phrases **simples** et les phrases **complexes**.

11. « *Papa me dit qu'il laisse monter l'attente du spectacle dans la salle* » (l. 10-11). Soulignez les verbes de cette phrase et délimitez les **propositions**. Entourez le **mot subordonnant** et analysez la proposition **subordonnée**.

12. Analysez les **propositions subordonnées** : « *pour qu'on les voie bien* » (l. 6) et « *pendant que la foule crie dans la salle* » (l. 14-15).

Pour approfondir

13. « *Intimidée par ce moment solennel, je ferme les yeux.* » (l. 17).
   Transformez cette phrase simple en **phrase complexe** : ajoutez
   un verbe et un mot subordonnant, puis analysez la **proposition
   subordonnée** obtenue.

14. **Réécriture** : réécrivez les trois derniers paragraphes au **système
   du passé**, en commençant par « *M. Molière... retint...* ». Vous
   ferez les transformations nécessaires.

15. **Écriture :** vous avez vécu un moment particulièrement
   émouvant et solennel. Racontez au système du présent
   et à la première personne, en insistant sur vos sentiments.

Petite méthode

• Une **phrase simple verbale** ne contient qu'un seul verbe
conjugué et forme une **proposition indépendante**.

• Une **phrase complexe** comporte plusieurs propositions.
Chaque proposition peut être **indépendante juxtaposée**
(séparée par une virgule) ou **coordonnée** (liée par une conjonction
de coordination). Elle peut aussi être **subordonnée** (introduite
par un **mot subordonnant**). Elle complète alors soit un G.N.
(subordonnée **relative**), soit le verbe de la proposition **principale**
(subordonnée **complétive**), soit toute la proposition principale
(subordonnée **circonstancielle**).

Pour approfondir

Exercice 4 : texte 1, p. 134-135, *Émaux et Camées*, Théophile Gautier.

1. Dans un **dictionnaire de langue**, cherchez la définition des **verbes** « *fourmiller* » (v. 3), « *babiller* » (v. 3) et « *rosser* » (v. 7) ; des **noms** « *une blanche* » (v. 11), « *une basse* » (v. 14), « *une croche* » (v. 16), « *un trille* » (v. 18), « *un arpège* » (v. 27), « *un domino* » (v. 22), « *un réseau* » (v. 28) et « *une mouche* » (v. 32).

2. Donnez un **synonyme** des adjectifs « *fantasque* » (v. 7) et « *extravagant* » (v. 18).

3. Relevez dans l'ensemble du poème tous les termes qui appartiennent au **champ lexical** du déguisement et au **champ lexical** de la musique.

4. Dans l'ensemble du poème, relevez toutes les notations de **couleurs** et de **lumière**. Quelle impression se dégage de cette accumulation ?

5. Avec quel groupe nominal **s'accordent** les verbes « *scintille, fourmille et babille* » (v. 3) et l'adjectif « *étoilé* » (v. 2).

6. À quoi Arlequin (strophe 2) et Pierrot (strophe 3) sont-ils **comparés** ? Comment nomme-t-on les **procédés stylistiques** qui ont permis d'établir ces comparaisons ?

7. Pour chaque personnage, nommez l'**accessoire** qui le **caractérise** et le **verbe d'action** qui le concerne. Appuyez-vous sur un **relevé précis**.

8. **Expliquez** « *son souffre-douleurs* » (v. 8).

9. Quel **trait de caractère dominant** chacun des personnages présente-t-il ? Nommez-le le plus précisément possible.

10. Dans la dernière strophe, relevez les **éléments descriptifs du visage**. Les mots employés sont-ils **péjoratifs** ou **mélioratifs** ? Pourquoi l'ensemble du visage n'est-il pas décrit ?

11. Relevez trois **adjectifs épithètes**, trois **propositions subordonnées relatives** et trois **G.N. compléments du nom**.

12. **Réécriture :** réécrivez la deuxième et la troisième strophe en doublant les personnages qui y sont présentés (« *les deux Arlequin* », « *Pierre et Pierrot* »). Faites les transformations nécessaires.

13. **Écriture :** écrivez vous aussi un petit poème libre sur le thème de Noël, en employant de nombreuses expansions du nom et des verbes d'action.

Petite méthode

• Le **GN minimal** est constitué d'un nom et de son déterminant. Il peut être enrichi au moyen de différentes **expansions** : l'adjectif **épithète**, qui s'accorde en genre et en nombre avec le nom qu'il qualifie (*le carnaval bariolé*) ; le **complément du nom** (*la mouche de son menton*) ; la **proposition subordonnée relative** (*Trivelin qui se mouche*). Il peut aussi être complété par un autre **nom en apposition**, mis entre virgules (*Arlequin, serpent par ses mille couleurs*, ...), ou par un adjectif **épithète détachée** (*j'ai reconnu, rose et fraîche, sa lèvre*...).

Pour approfondir

Outils de lecture

Acte (un) : grande partie d'une pièce de théâtre.

Acteur (un) : l'acteur interprète le personnage inventé par l'auteur, il prend son rôle.

Action (l') : ensemble des événements qui ont lieu les uns après les autres et qui font avancer l'histoire.

Aparté (un) : ce que dit un personnage pour lui-même, que les autres personnages ne sont pas censés entendre. On l'indique dans le texte par « à part ».

Comédie (une) : pièce de théâtre qui cherche à amuser le spectateur en lui présentant les défauts et le ridicule d'une société ou d'un personnage.

Comédie italienne (la) [ou *Commedia dell'arte*] : genre théâtral comique, basé sur l'improvisation, dont l'origine est italienne et qui date du XVIe siècle.

Comédie-ballet (une) et **tragédie-ballet (une) :** comédie ou tragédie, dans laquelle l'auteur insère des parties chantées et dansées.

Comique (le) : l'ensemble des moyens utilisés par l'auteur pour faire rire le spectateur. On distingue plusieurs formes de comique : le comique de situation, de paroles, de gestes, de caractère, de répétition.

Coup de théâtre (un) : événement qui transforme la situation.

Dénouement (un) : fin de la pièce, quand tous les problèmes sont résolus. Le dénouement est heureux dans une comédie, et malheureux dans une tragédie.

Dialogue (un) : paroles qu'échangent les personnages. On le présente différemment, selon qu'il s'agit d'une pièce de théâtre ou d'un roman.

Didascalie (une) : indication scénique donnée par l'auteur, qui concerne le plus souvent le jeu des acteurs.

Double énonciation (la) : les acteurs ont deux sortes d'interlocuteurs. Ils incarnent des personnages qui se parlent entre eux. Mais ces personnages s'adressent en fait aux spectateurs, à qui ils racontent ainsi l'histoire. C'est ce qu'on appelle la double énonciation.

Dramatique : destiné au théâtre, en parlant d'un texte, d'un auteur ou d'un acteur. Un auteur dramatique écrit des pièces de théâtre.

Exposition (l') : au début de la pièce, présentation des faits importants et des rapports entre les principaux personnages.

Farce (la) : petite pièce populaire comique, dont l'intrigue est très simple.

Mime (un) : acteur qui ne s'exprime que par les gestes et les expressions du visage, sans utiliser la parole.

Mimique (une) : ensemble des gestes expressifs et des expressions du visage qui accompagnent ou remplacent les paroles.

Mise en scène (la) : façon de monter la pièce, en tenant compte du texte de l'auteur, du jeu des acteurs, et de l'idée personnelle qu'on se fait de la pièce. C'est le travail du metteur en scène.

Monologue (un) : discours qu'un personnage seul sur scène s'adresse à lui-même.

Nœud (le) : l'ensemble des problèmes que les personnages doivent résoudre.

Pantomime (une) : pièce mimée, sans paroles.

Personnages-types (les) : personnages qui présentent des traits de caractère bien précis, et qu'on retrouve régulièrement dans les pièces de théâtre.

Quiproquo (un) : situation qui résulte d'un malentendu.

Réplique (une) : chaque élément du dialogue dit par l'acteur.

Scène (une) : subdivision à l'intérieur d'un acte, qui correspond à l'entrée ou à la sortie d'un ou de plusieurs personnages. C'est aussi l'espace délimité, généralement surélevé, dans lequel les acteurs jouent la pièce de théâtre.

Tirade (une) : longue réplique qu'un acteur dit d'un trait, sans être interrompu.

Ton (le) : manière de s'exprimer, qui permet de faire comprendre ce qu'on pense.

Tragédie (une) : pièce de théâtre, le plus souvent en vers, montrant les actions d'un héros de la mythologie antique ou un personnage noble qui est victime de la fatalité.

Tragi-comédie (une) : pièce de théâtre tragique, mais qui se termine bien pour le héros.

Bibliographie
et filmographie

Sur la vie de Molière

Molière, de S. Dodeller, École des Loisirs, Collection « Belles vies », 2005.
> ▶ Biographie très facile d'accès, qui permet de connaître toute la vie de Molière.

La Jeunesse de Molière, de P. Lepère, Gallimard, Collection « Folio Junior », 2003.
> ▶ Biographie romancée qui raconte l'enfance et la jeunesse de Molière, jusqu'à son départ en tournée pour rejoindre la troupe de Dufresne à Lyon.

Molière, film de A. Mnouchkine (1977), DVD, Éd. Bel Air, 2004.
> ▶ Ce film est déjà ancien et il est très long. Mais il évoque avec beaucoup de précision et d'enthousiasme la vie de Molière et de sa troupe. Il permet aussi de connaître un peu mieux son époque.

Sur *Les Fourberies de Scapin*

Je bouquine, n° 140, Éd. Bayard Presse, octobre 1995.
> ▶ Cette revue pour les jeunes propose un dossier complet sur Molière, et des extraits des *Fourberies de Scapin* en B.D. (dessins de Christian Goux).

Molière pour rire, de A. Ensergueix, Flammarion, Collection « Castor Poche Théâtre », 2002.
> ▶ L'auteur a regroupé les extraits particulièrement amusants du *Bourgeois gentilhomme,* de *L'Avare,* de *L'École des Femmes* et des *Fourberies de Scapin,* pour lesquels elle propose de petites mises en scène.

Les Fourberies de Scapin, VHS, mise en scène de J. Échantillon, enregistré en 1972/1973 à la Comédie-Française, Film Office, 1990.
> ▶ Le metteur en scène a placé l'action dans l'univers du cirque. Avec Alain Pralon dans le rôle de Scapin.

Les Fourberies de Scapin, VHS, mise en scène de J.-L. Benoît, Comédie-Française, 1998.
> ▶ Cette représentation a reçu le Molière 1998 du meilleur spectacle et de la meilleure mise en scène. Avec Philippe Torreton dans le rôle de Scapin.

Les Fourberies de Scapin, DVD, mise en scène de P. Fox, enregistré
en 2004 au Théâtre Royal du Parc, à Bruxelles (Belgique), La COPAT, 2004.

▶ Mise en scène originale, qui se réclame également de la comédie
musicale. Le metteur en scène a situé l'action au début du XXe siècle,
dans les bas-fonds de Naples. Avec Damien Gillard dans le rôle de
Scapin.

Le Nouveau Scapin, comédie pour adolescents de Gaëlle Chalude,
Éd. Art et Comédie, Coll. « Côté Cour », 2005.

▶ Les élèves de l'Atelier Théâtre apprennent le départ inopiné de leur
professeur. Ils décident malgré tout de monter Les Fourberies de Scapin.
Mais sans adulte pour les diriger, tout devient très libre, aussi bien la
mise en scène que le langage, parfois très virulent et familier... Une
petite pièce à proposer à 14 jeunes comédiens, dans le cadre d'un club
théâtre.

Sur le théâtre et la vie quotidienne au XVIIe siècle

Le Théâtre à travers les âges, de M. Wiéner, Flammarion,
Collection « Castor Doc », 2003.

▶ Ce petit livre illustré permet de répondre à un grand nombre de questions sur l'histoire du théâtre, ses genres, la vie des acteurs au fil des
siècles.

Le Théâtre raconté aux jeunes, d'André Degaine, Nizet, 2006.

▶ Ce livre très riche et original contient une somme de renseignements
sur le théâtre de Molière.

Louison et monsieur Molière, roman de M.-C. Helgerson, Flammarion,
Collection «Castor Poche », 2001.

▶ Louison est une petite fille du XVIIe siècle. Elle est fascinée par le métier
d'acteur. Un jour, elle rencontre Molière, qui va la faire entrer de plain-
pied dans le monde extraordinaire du théâtre.

Une belle matinée, roman de M. Yourcenar, Gallimard jeunesse,
Collection « Folio junior », 2003.

▶ Lazare a 12 ans et travaille dans une auberge d'Amsterdam, au
XVIIe siècle. Il rencontre un vieil acteur qui lui transmet sa passion du
théâtre. Un jour, une troupe de comédiens lui donne sa chance. Il part
en tournée avec elle.

Crédits photographiques

140 ht   Collection Jacques Lecoq, Paris – Ph. © Walery - Archives
                 Larbor

140 bas   « Les Fourberies de Scapin » au Festival d'Avignon en 1990
                 – Mise en scène de J.P. Vincent – avec Daniel Auteuil –
                 Éric Elmosnino – Philippe Uchan – Ph. © Brigitte Enguerand/
                 Agence Enguerand/Bernand

Direction de la collection : CARINE GIRAC MARINIER

Direction éditoriale : JACQUES FLORENT
avec le concours de Romain LANCREY-JAVAL

Édition : Marie-Hélène CHRISTENSEN

Lecture-correction : service lecture-correction LAROUSSE

Recherche iconographique : Valérie PERRIN, Marie-Annick REVEILLON

Direction artistique : Uli MEINDL

Couverture et maquette intérieure : Serge CORTESI, Sylvie SÉNÉCHAL,
Uli MEINDL

Responsable de fabrication : Marlène DELBEKEN